JN301540

ベーリング海峡プロジェクトと平和理想世界王国

文鮮明
Sun-Myung Moon

光言社

まえがき

今日、私たちは摂理の春を迎えています。特に、今年天一国《てんいちこく》六年は、天地人真《まこと》の父母様の御家庭が本殿聖地に入宮される年であり、第二次四年路程の二年目の年として希望と飛躍の年です。

天地人真の父母様は、昨年九月十二日に「天宙平和連合」創設大会を開催され、その後、世界百二十カ国を巡回しながら神様のメッセージを宣布されました。それが「天宙平和連合」創設宣言文です。この宣言文は、天地人真の父母様のみ言《ことば》の総結論であり、これまで天地人真の父母様が千回以上訓読されたものです。

宣言文の中で天地人真の父母様は、「天宙平和連合」の創設を宣布されるとともに、人類平和のためのプロジェクトとして、ベーリング海峡に橋を架け、海底トンネルを通す〝ワールド・ピース・キング・ブリッジ‐トンネル〟プロジェクトを宣布されました。

このベーリング海峡プロジェクトの実現は、歴史的に分かれていた東と西、南と北を連結し、人類が世界中を自由に往来できる国際ハイウェイを連結して世界を一日生活圏にするでしょう。そして、ベーリング海峡を中心とするアラスカとシベリアの開発へと連結し、人類の生存を脅かす資源問題、環境問題、食糧問題を解決し、この地上に神様のみ旨である「平和理想世界王国」を実現するにおいて決定的な役割を果たすことでしょう。

このプロジェクトを成功させるためには、世界中の国々が国境を越えて協力し、自国の科学技術と経済力を世界のために提供しなければなりません。それは、正に失われた兄弟圏を取り戻すことであり、父母である神様を中心として人類が一つの家族になることを意味しています。

これは膨大なプロジェクトですが、「神様のみ旨がある所には、必ず道がある」という宣言文のみ言《ことば》のように、私たちこそ、このプロジェクトに対して絶対信仰をもって取り組んでいかなければなりません。

本書は、「天宙平和連合」創設宣言文を骨子として編纂《へんさん》され、宣言文をより深く理解するとともに、なぜベーリング海峡プロジェクトが必要なのかを理解するために出版されたものです。本書を通して、天地人真《まこと》の父母様の神様解放と人類解放への心情と明確なビジョンを知ることができるでしょう。

「神様王権即位式」以降、時代は完全に変わりました。そして天地開闢《かいびゃく》の後天時代が始まるとともに、神様の全体、全般、全権、全能の時代となり、四大聖人をはじめとする絶対善霊が再臨協助する時代となったのです。したがって、神様のみ旨は間違いなく成就されるでしょう。

今は、その最後の峠を越える時であると同時に、天地人真の父母様と父子の心情因縁をより強く結ぶことができる最高の時でもあります。「ベーリング海峡プロジェクト」を成功させ、「平和理想世界王国」を創建してまいりましょう。

二〇〇六年三月二十九日

世界基督《キリスト》教統一神霊協会

ベーリング海峡プロジェクトと平和理想世界王国・目　次

目　次

※本文中、各文章の末尾にある（ ）内の数字は、原典『文鮮明《ムンソンミョン》先生み言《ことば》選集』の巻数とそのページ、または、み言を語られた日付を示しています。

例：（一二三―四五六）＝第百二十三巻の四五六ページ、
（二〇〇一・一・一）＝二〇〇一年一月一日

第一章　神様のモデル平和理想家庭と平和理想世界王国

第一節　宇宙の中心は父子の関係

(一)　平和理想の実現は神様と霊界を正しく知ることから

永遠の自由、平等、平和、幸福の世界を成す根本原理とは何でしょうか。その世界は、真《まこと》の愛の絶対価値圏において完成し、その相対格として生きる個人と家庭がなければ、絶対につくることができません。それは、真の愛と平和の根本であられる神様を正しく知ることから解決の門が開かれるのです。（二〇〇五・二・一四）

もし私たちが、いまだに平和を成し遂げられずにいるとすれば、それは、人々が平和の最も重要な側面を忘れているからです。民族間の平和に対して語る前に、まず私たちは、神様との平和に対して語らなければなりません。人間は、地上で生活する間に神様と同じ人格体として発展するように創造されました。したがって、究極的にこのような目的を達成しなければ、神様やほかの人々とも平和に過ごすことはできないのです。（一

（九三―三二四、一九八九・一〇）

平和の根本を知ろうとすれば、神様の創造理想を探ってみなければなりません。まず神様と霊界を知らなければ、平和を実現することはできないのです。創造主、神様の真《まこと》の愛の実体化が正に天地創造であり、その世界の主人として創造された人間は、神様の創造理想、すなわち創造本然の世界である地上天国を成して暮らし、霊界に入っていっても、永遠の平和天国を成して暮らすようになっているのです。（二〇〇二・二・一五）

私たちは、何が人間を幸福にしてくれるのかに対する知識をもたなければなりません。これこそ正に全知全能の神様のみ旨を知ることなのです。ですから、真の知識とは、神様のみ旨を知ることです。神様が理解され御覧になるのと同じ基準で、世界と歴史と人間を理解して、見ることができなければなりません。全知全能の神様が創造された結果世界に対する一部の知識を習得したことで、自慢したり、神様のように振る舞って他人を支配したりするのは、正しい道理ではありません。（二七一―七八、一九九五・八・二二）

不信の風潮はどこから始まるのでしょうか。人間が人間の知るべきことを知らないために、そのようなことが起きるのです。永遠の理想世界はどのようなものなのか、ということを知らないからです。永生という基準を中心として、そこに符合できる価値のある内容と永遠の基準が、今日の私たちの日常生活圏内にあり、永遠の生命圏を左右する、驚くべき未来像がそこにあることを知るとき、その生活は、一瞬一瞬が厳粛なものにならざるを得ません。遊び事ではありません。適当に生きることはできないのです。（二一〇―三五六、一九九〇・一二・二七）

天の国には、明らかに神様がいらっしゃいます。しかし、今日私たちが暮らしている世界は、数千、数万の国境でふさがっています。どうしてこのようになっているのでしょうか。神様を正しく知り、天の国を知る人がいないだけでなく、天の国の伝統的内容を知る人がいないので、このようにでたらめな世の中になったのです。その内容さえはっきりと知れば、霊界にも地上界にも解放圏が生じるのです。天の国のすべての秘密を知り、サタンが身動きもできないようにし得る真の愛の人にさえなれば、神様と一体となり、天法と一体になれる文化と伝統をもって暮らす方法を知るようになるのです。そ

のような人が正に、ために生きる愛を所有した真《まこと》の人です。(二〇〇三・一〇・三)

(二) 神様と人間は父子の関係

神様は、本来の私たちの父です。私たちは、本来の心情を受け継いだ息子です。間違いありません。私が霊界をくまなく探して「天地の最後の大秘密とは何か」と祈祷し、身もだえしながら何年間も祈祷した、その結果とは何でしょうか。「父子の関係だ」、これが答えでした。父子の因縁です。世の中の父子関係ではありません。天道を定めた父は縦的な愛をもち、その息子、娘は横的な愛をもつのですが、その縦的な愛と横的な愛が一つに連結され統一された父子の関係を言うのです。(一七六―一二四、一九八八・五・三)

神様が絶対的な方ならば、その絶対的な方がなぜ人間を造られたのでしょうか。お金のために造られたのでもなく、知識のために造られたのでもなく、権力のために造られたのでもありません。愛のために造られたのです。神様の愛を感じることができるたった一つの道は、人間という相対を通じる道です。ですから、そのような観点から見るとき、「神様は父であり、人間は息子、娘だ」という言葉が出てくるのです。これが一つの軸なのです。（一三七―五七、一九八五・一二・一八）

神様は三大愛の主体でいらっしゃいます。天宙の主人として真の愛の師、真の愛の主人、真の愛の父母であられます。これが正に真の三大主体思想です。このようなすべての教えと真理は、真のモデル的家庭の生活を中心として創出されるのであり、これを拡大すれば社会と国家、そして世界と天宙までも、モデル的理想家庭の平和王国に変えることができるのです。（二〇〇六・二・三）

神様をはっきりと知れば、創造原理が自然に出てくるようになります。「私の心と体は主体と対象の関係になっている。神様を中心とする相対基準を造成すれば、四位《よんい》基台を維持することができる。それを連続的に維持するために授受作用をしなければならない」。そのようにして、神様をはっきりと知れば、自然に創造原理を悟るようになるというのです。（一五―一五九、一九六五・一〇・七）

㈢ 人間は天宙の媒介体

本来、神様の創造過程を考えてみれば、神様は、万物をつくって人間を造られました。そして、神様を中心としてすべてのものが始まったのです。人を造ることによって、神様と人間と万物が平衡的な立場で統一することを願われたのが、神様の創造のみ旨だということを私たちは知っています。神様がいて、この被造世界には地があり、その中に人がいるのです。このような中間的な立場に立ったのが人間なので、人間は霊界と肉界を接触させ得る媒介体だというのです。(六七—一四三、一九七三・六・一)

地球が地軸を中心として回転するのと同じように、神様の心情と目的を中心に創造された被造物も、その目的を中心に授受作用しなければなりません。このような授受作用をするにおいての媒介体が人間です。こうして三点を成すのです。すなわち主点と客点、そしてそれを連結する中心基準の人間、これらが三点を成すというのです。(一五—五二、一九六五・二・七)

「天地合徳」という言葉がありますが、それは天地が一つになるということです。それで「天地人」という言葉が出てくるのです。なぜかというと、人間は天地を代表しているからです。天上天国と地上天国は、人間を通して連結されるようになっているというのです。（二二七―五〇、一九九二・二・一〇）

㈣　相対の価値と喜び

喜びは、独りでは感じることができません。喜びを享受しようとすれば、必ず対象、あるいは相対が必要です。主体と対象が互いに相対基準を造成して授け受けするとき、初めて喜びを感じることができるのです。そして、最高の喜びは、愛を授け受けするときに感じることができます。そのように、神様は、私たち人間を対象として造られ、その対象と共に無限の愛を授け受けされながら、永遠に喜びを享受しようとされたのです。それが正に創造目的だったというのです。（一〇〇―二四一、一九七八・一〇・一九）

「私」という存在は、神様の愛の対象として造られました。絶対的神様の対象の位置、主体的神様の対象の位置が正に「私」です。神様の愛の相対だというのです。神様が御自身よりも相対をより貴く思うというのが真《まこと》の愛の概念です。神様は絶対的であり、永遠の生命の中心です。その神様の理想は、より永遠なものであり、その理想の中心が正に真の愛の理想です。その愛の相対が「私」なのです。(二二六―一〇七、一九九一・三・九)

理想世界では誰に似なければならないのでしょうか。神様に似なければなりません。それでは、神様は天地を創造されるとき、どのように造られたのでしょうか。創世記の第一章二十七節には、「神は自分のかたちに人を創造された。すなわち、神のかたちに創造し、男と女とに創造された」とあります。神様に似せて人間を造られたというのです。私たちが自分に似ることを喜ぶように、神様は、私たちが神様に似ることを喜ばれるのです。ですから、神様は、天地万物をつくられて、神様に似たものを御覧になりながら喜ばれるというのです。(二六―一六五、一九六九・一〇・二五)

それでは、似るのはどこから似なければならないのでしょうか。これを考えてみましたか。神様は、神様の法度を中心として永遠の愛、全知全能、遍在する方としていらっしゃいます。神様は、全知全能であられ、遍在され、永遠の方ですが、私たちはどこから似なければならないのでしょうか。私たちが神様に似たとすれば、どのようにならなければなりませんか。神様が永遠でいらっしゃるなら、私たちも永遠でなければならず、神様が遍在されるのであれば、私たちも遍在しなければなりません。ですから、世界のあらゆる所で暮らしてみたいでしょう？　全知全能の力で全世界を一度に握ってみたいでしょう？　そのようにしたいと思うことが似ているということです。

それでは、神様は御自身の何に似れば最も喜ばれるのでしょうか。似ることの最高の根は何であり、先祖とは何でしょうか。遍在よりも良く、全知全能よりも良く、唯一無二よりも良いのが愛です。神様に一番似るようにさせるものが何かといえば、愛だというのです。その愛さえ似れば、ほかのすべてを失ってしまっても、結局は、自分自身が行く方向にすべてついてくるようになっているのです。（二六―一六七、一九六九・一〇・二五）

第二節　血統の重要性と人間堕落の結果

㈠　血統の重要性

大勢の名士や牧師に、「愛と生命と血統の中で何が一番重要か」と尋ねてみましたが、大部分の人たちが「愛だ」と言いました。皆さんにも愛と生命、そして血統が必要ですか。もし皆さんが、血統を排除して愛や生命にばかり執着すれば、息子、娘をもつことができないので、皆さんの代ですべてのものが終わるようになるのです。ですから、その三つの中で、何が私たちの人生において最も重要なのでしょうか。もし父母が子女のためにすべてのものを犠牲にすれば、子女たちも父母のためにすべてのものを犠牲にするでしょう。ここから血統の重要性を知ることができるのです。父母がいなければ血統は受け継ぐことができないのです。（二〇〇三・二・二六）

真《まこと》の父母は何をもってくるのですか。真の愛と真の血筋をもってくるのです。偽りの父母は何かといえば、偽りの愛と偽りの血筋を連結してきたのです。堕落していない本然の世界では、神様を中心として真《まこと》の家庭をなさなければなりません。真の息子、娘の家庭をなそうとすれば、真の血筋が連結されなければならないのです。真の父母の子女になろうとすれば、真の父母と血筋が連結されなければなりません。「父母と子女」という言葉は、血筋が連結することなくしては絶対に成立不可能です。(二〇〇一・五・八)

今までは男性、女性の生殖器を一番悪いものと考えていました。しかし、神様がその汚されたものにタッチされれば、それがすべて愛の最高の本宮、血統の本宮になるということを知らなければなりません。

何のことか分かりますか。生殖器は本来、決して汚れたものではありません。そこは聖なる愛の本宮であり、そこから聖なる生命、聖なる血統がスタートするのです。(一九九八・九・二〇)

愛は一代であり、生命も一代ですが、血筋は永遠です。メンデルの遺伝法則を知っているでしょう? 黒人と白人が結婚すれば、必ずある一時に黒人が生まれてくるのです。

そのことは知っていますか。その話はどういうことかというと、先祖たちの生命の血筋は死んではいないということであり、細胞が死んでいないので出てくるということです。皆さんは数千代の先祖の結実として生まれ、皆さんには数千代の先祖のすべての血筋が連結されており、細胞が連結されています。先祖たちは死んでいないのです。堕落していなければ、「一箇所に集まるな」と言っても、血筋に従って集まるようになっているのです。(二〇〇〇・一二・三〇)

(二) 人間堕落の結果

1　血統の喪失

人類歴史は、人間先祖の堕落により、最初の一歩から罪悪と闘争の歴史に転落してしまいました。当然、神様を真の父母として侍って暮らすべき人類は、偽りの父母となった悪魔サタンの支配を受けて生きる地獄の主人になってしまったのです。神様の分聖殿となり、神様が臨在される神的価値の人間になっているべきアダムとエバの体は、様々

な罪悪と偽りの温床であり悪魔の舞踏場になってしまいました。（二〇〇五・八・二〇）

堕落を具体的に言えば、神様の祝福の中で挙げるべき結婚式を、サタンを中心として挙げたことをいうのです。創造原理によれば、真《まこと》の愛、真の生命、真の血統は、父母から相続されます。したがって、サタンを父母として生まれた人類は、選択の余地なく偽りの愛、偽りの生命、偽りの血統を伝授されました。生まれながらにして体と心の葛藤《かっとう》の中で苦しみ、死ぬ瞬間までもその問題を解決できずに旅立っていく、かわいそうな人間になってしまったのです。（二〇〇五・八・二〇）

アダムとエバは、堕落したのちにエデンの園から追放されましたか、そうでなければ堕落前に追放されましたか。アダムとエバは、堕落することによって、神様と愛と生命と血統の関係を結ぶことができずにエデンの園から追放されたのです。したがって、アダムとエバは、神様から祝福を受ける結婚式をすることができずに、サタンの主管下で結婚したのです。すなわち、サタンから血統を受け継いで子孫を繁殖したというのです。それゆえにイエス様は、ヨハネによる福音書の第八章四十四節で、「あなたがたは自分の父、すなわち、悪魔から出てきた者であって、その父の欲望どおりを行おうと思っている」と言いながら、堕落人間の父が悪魔サタンであることを指摘し、戒められたのです。（二〇〇一・五・八）

本来、人間が堕落していなければ、神様の血筋を受け継いで神様が私たちの本当の父になるのです。皆さんが知っているように、父という言葉は血統的関係が一致化しなければなりません。このような立場から見るとき、本来、私たち人間が堕落していなければ、神様が縦的な父母の位置に立ち、造られたアダムとエバは横的な父母になるので、アダムとエバが成熟して相対を求めるようになるとき、神様の許諾のもとに夫婦になるようになっていたのです。（一九六一一五〇、一九九〇・一・二）

エバは、僕《しもべ》である自分の立場を忘れて過分な欲望をもった天使長ルーシェルと、不倫な関係を結んで堕落してしまったのです。それで、聖書のペテロの第二の手紙第二章四節に「罪を犯した御使《みつかい》たちを許しておかないで、彼らを下界におとしいれ、さばきの時まで暗やみの穴に閉じ込めておかれた」とあり、ユダの手紙七節では「同じように淫行《いんこう》にふけり」と、天使の犯した罪が姦淫《かんいん》の罪だと指摘しています。そして、善悪の果《み》とは、未完成なエバの貞操であり、さらにはエバの生殖器を指すのです。人間にとって生殖器は、神様が最も心血を注いで創造されたものであり、真《まこと》の愛の王宮であり、真の生命の王宮であり、さらには真の血統の王宮として創造されたのです。善悪の果は、文字どおりに王と関係をもてば王子を生むのであり、マフィアと関係をもてばマフィアの子供を生むのです。種を蒔《ま》いたとおりに収めるようになるということです。ですから、善と悪を分ける善悪の果だというのです。このように、罪の中の根本的な罪である原罪が生じて重生が必要になったのは、血統問題が関係するようになったからなのです。(二〇〇一・五・八)

夫婦が一体になる所が愛の本宮です。男女の生命が一体になる本宮です。そこにおいて、血統がつながるのです。それ以外は血統がつながりません。そこで、女性も男性も喜びの最高の興奮の中において一つになるのです。それが最も貴い愛というものです。その本場が、堕落のために悪魔の本場となり、本宮が地獄の悪魔の本宮になってしまいました。天国と神様の本宮になるべきものが、神様の愛の本宮、神様の生命の本宮、神

様の血統の本宮になるべきものが、悪魔の三大基地になってしまったのです。(一九九三・一二・一九)

2　兄弟圏の喪失

堕落したときに何を失ったかというと、父母を失い、王権を失ってしまいました。その次に、兄弟圏まで失ってしまったというのです。神様を失ってしまい、真の父母を失ってしまい、真の兄弟をすべて失ってしまったのです。これを復帰するのです。これが原理的な立場です。歴史は、兄弟圏復帰のために闘ってきたのです。(二〇五―一七六、一九九〇・九・二)

本来のみ旨の世界は、善があり、永遠で不変な神様の愛が共にある所です。そのような立場で出発していたならば、真の兄弟の伝統が成立していたでしょう。真の兄弟の伝統がこの地球星《ほし》に残っていたでしょう。真の兄弟の伝統とは、「兄弟がこのように生きることを神様は最も喜ばれる」と考えながら、神様の愛の中で生きることです。そのようになるべき私たちの人類始祖は、堕落によってそのような位置を失ってしまったのです。落ちたというのです。落ちたというのは、どこから落ちたのでしょうか。このようなみ旨の世界から落ちたというのです。ある空中から落ちたのではなく、このような本来の神様のみ旨の位置から離脱したということです。（七一―二六八、一九七四・五・五）

アダムが生まれた日と成婚した日、そして亡くなった日を記念する世界的な統一圏が形成されていたならば、そのような日を記念する人類は、一つの兄弟となり、一つの民になっていたでしょう。すなわち、一つの世界に暮らす人間になり得たというのです。そのようになっていれば、アダムが生活したすべての風習は、人類歴史に継承されていたのであり、その時に形成された文化は、永遠に継承されたでしょう。

しかし、今日この世界を横的に見渡してみるとき、大韓民国には大韓民国の特定の文化背景があります。数多くの国々は、それぞれ異なる歴史と伝統をもっているというのです。これは悲惨な事実です。本来、一つの父母から繁殖し、一つの目的を中心として互いに通じ合える一つの生活圏を成した氏族となり、一つの子女の因縁を尊重し、一つの父母の因縁を尊重する一つの氏族圏が形成されていたならば、その氏族圏の文化は、アダムの時に形成されたものが根となって形成されていたのです。

アダムが生活していた生活風習、すなわち言語や礼節などすべてのものがそのまま継承され、この世界の言語と文化は一元化されていなければならないにもかかわらず、各人各様に現れてしまいました。このように各人各様に現れた理由は何かというと、争いが起きたからです。つまり、アダム家庭において、カインとアベルの間に殺戮《さつりく》戦が起きたからなのです。それでその時から分かれるようになったということを、皆さんは知らなければなりません。（三一―二三〇、一九七〇・六・四）

境界線があれば、どの境界線が一番高いかというとき、隣接した国家の境界線です。二つの国が隣接した所です。闘争はいつも、飛行機に乗って何万里も離れた所に行ってするのではありません。隣接した国家同士で闘ったのです。なぜそのようになったのでしょうか。それは堕落の結果です。堕落のためにそのようになったというのです。それでは、堕落とは何でしょうか。神様と人間との間に闘争が起きたことであり、神様とサタンとの間に闘争が起きたことであり、人間とサタンとの間に闘争が起きたことが堕落なのです。ですから、人類歴史路程において、この地球星《ほし》に数多くの国があるのは、数多くの闘争の結果としてこのようになったのです。このような結論を下すことができます。（二〇七―一五、一九八〇・一一・二一）

3　所有権の喪失

アダムとエバが、堕落することによって長成期完成級から落ち、堕落した人類の先祖となり、堕落した息子、娘となりました。また万物も、堕落圏内で骨身にしみる恨《ハン》をもつ万物になってしまいました。人間がサタンの主管圏内に入っていったので、すべてを失ってしまったのです。（二三一―一七九、一九六九・五・一八）

人類始祖が堕落したのち、歴史は神様が主管されたのではなく、サタンが主管したということを、私たちは知るようになりました。しかし、本来この世の主人には、神様がならなければならなかったのです。神様と愛の関係を結んだ直系の血統の子女、その子女たちによって構成された真《まこと》の家庭を中心として、氏族と国家と世界が成されていたならば、それこそ神様が主管できる世界であり、神様が主管できる国であり、神様が主管できる家庭であり、神様が主管できる個人になっていたのです。ところが、人間が堕落することによって、個人から家庭、氏族、民族、国家、世界、このように全体が神様と反対の立場に立つようになりました。これが堕落の歴史であり、堕落の世界だということを知らなければなりません。（二〇〇三・二・五）

人間が堕落することによって、神様は所有主の位置に立てませんでした。万物も神様のものとしてつくられましたが、人間が堕落することによって誰が主人になったのでしょうか。愛は愛ですが、偽りの愛です。万宇宙は、愛を中心として神様の主管を受けるようになっているのですが、堕落することによって、サタンの主管圏内に入っていったので、偽りの愛を中心とする愛の圏内に属するようになり、すべての万物は、偽りの愛のサタン側に入っていったのです。万物がそうであり、人がそうだというのです。また、霊界がサタン圏に入っていきました。人間のための万物であり、神様のための人間でしたが、その存在世界のすべてが、神様の所有として決定されなかったというのです。皆さんはそれを知らなければなりません。所有の決定権を失ってしまったのです。（一二二―一三、一九八二・一〇・三一）

堕落とは何かというと、甘柿になれるものが渋柿になったということです。その渋柿の畑は、神様が管理されるのではなく、サタンが管理するのです。サタンが管理する渋柿になってしまったのです。人間始祖が血統を汚したので、汚された血統を継承して生まれる人は、すべてサタンの子孫になりました。一人生んで、二人生んで、数百、数千万になることによって、すべてサタンを先祖とする子孫として生まれたので、結局サタンは、黙っていても王にならざるを得ません。ですから、すべての人間がその子孫の立場に立っているので、サタンは自然にこの世界を中心として、王にならざるを得ないという結果になったのです。ですから、サタン圏内のすべての被造世界は、サタンに主管されるということは当然のことです。それは否定することができません。(五五―二八、一九七二・四・二三)

第三節　神様の心情と事情

(一)　人間が堕落したときの神様の心情

堕落した直後に、神様が「アダムよ、アダムよ」と呼ばれたとき、その声を聞くアダムの心はどのようなものだったでしょうか。アダムが胸を締めつけながら悲しんで泣く、その場面はどのようなものだったでしょうか。これが問題だというのです。天地の主宰者として、万物のすべてのエキスを抜き、一つの希望の実体として造ったそのアダムが、願わないサタンの世界に捕らわれ、一度に破綻《はたん》してしまったその実情を御覧になる神様の心情は、どのようなものだったかというのです。どれほど悲しまれたでしょうか。(二六―一二二、一九六九・一〇・一四)

神様がアダム一人を造って地上に完成した標柱を立てられ、勝利の主権、王権を立てようとされたすべての希望が、一時に水の泡と消えたのです。その時の神様の心情は、どのようなものだったか考えてみてください。アダムを失ってしまった時の無念で悔しい心情、イエス様を十字架に送った時の無念で悔しい心情、再臨主が来て、天下統一の基盤を失って追い出された時の悲痛な心情を考えてみてください。神様の心情は、どれほど虚脱したでしょうか。（二四五―一四一、一九九三・二・二八）

人間よりもっと大きな苦痛と悲哀の中に落ちた方が神様です。御自身の創造理想を強奪され、愛する息子、娘を強奪され、真《まこと》の愛の理想の園として創造しておいた地球星《ほし》まで、怨讐《おんしゅう》サタンの籠絡《ろうらく》の場として差し出してしまったのですから、どれほど悔しさで胸が痛み、寂しい恨《ハン》の心情だったでしょうか。呆然《ぼうぜん》とせざるを得ません。皆さんは、このような神様の立場に対して、どれほど多くの慰労の涙を流してみたでしょうか。（二〇〇五・八・一）

(二)　人間の堕落に干渉できなかった神様の事情

堕落したアダムとエバに干渉することはできませんでした。干渉できる位置は、完成の位置です。その位置に立って、初めて神様が収めて干渉するようになっているのです。堕落するとき、アダムとエバに干渉できなかったのは、長成期の完成級にいたからです。中間段階にいたので、まだ、実がなって種ができていないというのです。それを収穫することはできません。神様は、完全に結実し、完熟した実を収めて、それを拡散させるようになっているのであって、完熟していないものには干渉できないのです。（二五二―二三三、一九九四・一・二）

責任分担というものがあったために、この蕩減《とうげん》も生じるようになったという事実を知らなければなりません。もしこの責任分担がなかったならば、神様は、いつでも主管なさることができるのです。堕落するとき、「おい、そのようにしてはいけない」と言うこともできますが、人間の責任分担というものがあって神様が干渉できない位置にいたので、人間が堕落しても、サタンの活動を防止できなかったという事実を、皆さんは知らなければなりません。（八七―一二〇、一九七六・五・二三）

なぜ責任分担を与えたのでしょうか。それは、人間に無限で高貴な価値を賦与するためであり、神様の創造の偉業に加担させるために与えたのです。もし人間に責任分担を賦与していなければ、人間は神様の愛に相対できる対象の位置に立つことができません。神様が一〇〇パーセントつくってあげてはいけないのです。九五パーセントは神様がつくり、五パーセントは人間自身が責任をもつのです。そうしてこそ、一〇〇パーセントを満たすにおいて、協力者として同等の位置に立つことができるのです。そうすることによって、絶対的な主体である神様の前に、堂々と相対的な資格を備えた位置で愛を授け受けできるのです。このようにして愛の理想を形成することができます。責任分担がなければ、私たち自体では、神様の愛の理想を対等な位置で受けるにふさわしい威信を立てることができません。威信を立てることができないというのです。ですから、神様は、人間に神様の愛を受けることができる威信を立ててあげるために責任分担を設定されたのです。(一四三―七七、一九八六・三・一六)

(三) 復帰摂理歴史の神様の心情と事情

神様は、歴史過程を通して、蕩減《とうげん》復帰された世界、すなわち一つの世界を追求してこられました。すべてのものを融和させ、一つの文化圏、一つの生活圏、一つの主義と思想圏を成し、一つの世界を模索してこられたのです。そのために、神様は、歴史過程において多くの犠牲の代価を払われたというのです。

分かれたものを再び合わせようとすれば、分かれる前に苦労した以上に苦労しなければならないことを皆さんは知らなければなりません。一軒の家を建てるときにも、まず土台をしっかり築かなければならないのです。家の土台をしっかり築かずに家を建てれば、かえって新しい土地を整備して家を建てる、その二倍以上の苦労をしなければなりません。これと同じように、一度の失敗によってつぶれてしまったものを収拾しようとすれば、この上なく加重された犠牲の代価を払わなければなりません。

それでは、この犠牲の代価を誰が払わなければならないのでしょうか。この犠牲の代価は、悪の側が払うのではありません。今日のように分かれた環境を開拓し、一つの世界に収拾すべき責任を背負った主人が払わなければならないのです。その主人が誰かというと神様です。ですから、神様は、地上で数多くの犠牲の代価を払ってこざるを得ませんでした。天の側の人を中心として、天の側の万物を中心として、分かれた文化とこの世界を収拾するために、多くの犠牲の代価を払ってこられたのです。（三一―二三一、一九

七〇・六・四）

愛する息子を怨讐《おんしゅう》に差し出さざるを得なかった神様は、権限がなく、能力がないからではなく、天理原則として立てておいた愛の天道を、御自身自らが踏みにじることはできなかったので、涙で耐え忍び、復帰摂理を進めさせてこられた私たちの父でいらっしゃいます。創造主であられる御自身までも否定しなければならない辱めを受けながら、子女を捜し求め、はるか遠い蕩減《とうげん》復帰の道を歩んでこられた方です。全知全能であられる神様も、真《まこと》の血統を復帰するには、このように地獄よりつらい路程を経なければなりませんでした。（二〇〇五・八・一）

歴史過程において、神様が送られた人たちには、堕落した人間たちを本然の世界に蕩減復帰しなければならない使命が賦与されていたので、神様は、彼らをより悲惨な環境に追い込まなければなりませんでした。このような事実を皆さんは知らなければなりません。

神様は個人を打って家庭を救われました。より大きなものを救うために、反対する者を打たずに、代わりに立てられたその息子、娘たちを打たれたのです。より大きなものを救うために子女にむち打った神様の心情は、言い表せないほどつらいものだったことを、皆さんは記憶しなければなりません。（一六―三三二、一九六六・九・一八）

自分と婚約していながらほかの男性と結婚し、息子、娘を生んだ、その女性を愛さなければならず、生まれた息子、娘も愛さなければならないのです。それが神様の心情です。それを消化して愛さなければならない、そのような神様でいらっしゃるのです。それゆえに、サタンが讒訴《ざんそ》しても、堕落しなかったかのように今まで対してこられました。ですから、神様の心情は、どれほど大変なものだったでしょうか。今日、私たちが本当に神様の心情を体得したとすれば、涙なくして講義することはできないのです。これが原理の世界から見た神様の心情的内容です。（二三五―四一、一九九二・八・二八）

神様は、今でも創造の能力をもって環境の条件を追いやって新しい環境をつくろうとされます。そのようなことができる能力をもった方です。ただそれが不可能なのは、堕落圏だからです。ある条件の提示が成立することなくしては不可能なのです。それゆえにしないのであって、できないのではないということを私たちは知らなければなりません。環境的条件さえ提示され、天が活動し得る内容さえ提示されるようになる時には、新しい歴史と新しく創造できる環境は、いつの時でも、どのような時代でも連結できるという事実を知らなければなりません。（二四七―一七二、一九八六・九・二一）

人間の悲惨な出来事が神様の心情に反映されるので、神様はもっと悲しく悲惨でした。神様は、いかなる個人よりも悲惨であり、いかなる民族よりも、いかなる国家よりも、いかなる世界よりも悲惨でした。いくら悲惨な立場にいる者だとしても、神様よりも悲惨な者はいませんでした。愛する子女が死んでいく姿を見ている母親よりも、もっと悲しい心情で神様は人間を見つめてこられました。今日のこの悲惨で悪なる世界を清算し、善なる世界を立てなければならないのが神様の事情なのです。（一六―三三二、一九六六・九・一八）

神様は、心情と事情と希望を抱いて人間に対され、庇護《ひご》されました。神様は、私たちの心情を一〇〇パーセント御存じであり、事情を一〇〇パーセント御存じであり、希望を一〇〇パーセント御存じでしたが、語ることができませんでした。これが神様の事情です。なぜできなかったのでしょうか。それを話してしまえば、サタンが先に聞いてしまうからです。ある主人が、何も分からない世間知らずの幼い息子に、「何々の宝がここにあり、何々の宝があそこにある」と言って、主人に背いた僕《しもべ》や怨讐《おんしゅう》がいる所で宝を相続してあげれば、彼らがそのままその幼い息子に宝を持たせると思いますか。持たせません。サタンは、そのような立場です。神様がすべて話してしまえば、神様の息子、娘よりもサタンが先に知ってすべて奪ってしまうというのです。（九―二三五、一九六〇・五・二九）

第四節　真《まこと》の父母による祝福結婚

(一)　真の父母と血統復帰

1　真の父母とは

メシヤとは誰ですか。真の父母です。それでは、なぜ真の父母が必要なのでしょうか。真の父母の愛によって再び接ぎ木しなければならないからです。ですから、メシヤである真の父母が現れなければ、堕落した人間は原罪を脱いで、罪のない解放された位置で完成段階の祝福を受けられる位置に行けないのです。(三五―二二五、一九七〇・一〇・一九)

皆さん各自の血統的内容が異なり、背後が異なるので、父母に似るためには接ぎ木する役事をしなければなりません。ひっくり返して接ぎ木しなければならないのです。接ぎ木しようとすれば、皆さん自身に残された蕩減《とうげん》路程をすべて清算しなければなりません。それは父母から始まったので、父母を通して清算されなければなりません。ですから、真《まこと》の父母に接ぎ木しなければならないのです。アダムが真の父母になることができなかったので、今まで神様は、真の父母を探し求めてこられたのです。(二四―二〇三、一九六九・八・一〇)

レバレンド・ムーンは、正に天から印《いん》を受けて顕現した、人類がこれほど待ち焦がれ、待ち望んだ救世主であり、メシヤであり、再臨主であり、平和の王であり、真の父母です。これは決して私の叫びではありません。霊界の四大聖人はもちろん、数千、数万の聖賢、賢哲たちも異口同音にそれを証《あか》しするメッセージを送ってきています。神様も直接メッセージを送られて、六十億の人類すべてが真の父母を中心として、この地に平和王国を創建することを促《うなが》していらっしゃいます。このようなメッセージを収録した本が既に出版されています。もしこの事実を信じることができなければ、命を懸けて祈祷してみてください。天は必ず皆様の祈祷に明確な回答を下さるでしょう。(二〇〇五・八・二〇)

真の父母様は一組だけです。今この時の一度だけだというのです。過去にもいなかったのであり、未来にもいません。真の父母様が肉身をもって実体で存在するのは、この時だけだというのです。永遠の中で、たった一度です。ですから、真の父母様が天の秘密を明確に教えてあげるのです。これは隠された真理です。先生がそのような概念を既に完成させておきました。そのような秘密の概念を教えてあげるまでは、サタンがすべてのものを占領してきました。先生が教えてあげたので、今ではもうすべてのことが明確になったというのです。今はサタンが先頭に立つことはできません。神様もそれを認めるのです。このままついていけば、完成するのは問題ないというのです。それが真の父母様の教えです。（二四六―八四、一九九三・三・二三）

真の父母とはどのような方かというと、家庭においては歴史始まって以来、初めて現れた孝子であるということを皆さんは知らなければなりません。天の国においては一人の忠臣と同じ位置、代表的な忠臣の位置に立っているというのです。その次には、世界的な聖人の位置、代表的聖人の位置に立っているのです。その次には、聖子《せいし》の道理を果たした聖子の位置に立っています。ですから、皆さんがもつべきものは真《まこと》の父母の思想です。息子として、孝子として、忠臣として、聖人、聖子の道理をすべて経たのと同じように、皆さんもそのような伝統を真の父母に従って受け継ぎ、全世界にたった二人の息子と娘だという、このような心情をもたなければなりません。（二六六―八九、一九九四・一二・一八）

2　真の父母による血統復帰

人間たちは、一組の悪の父母から出発し、一つの血族として続いてきました。そうして五十億の人類になったのですが、この五十億の人類はすべて偽者です。野生のオリーブの木です。真のオリーブの木の実を求めることができません。それで、真のオリーブの木の一つの根をこの地に送り、芽接ぎ、枝接ぎをしなければならないのです。そのためには、六千年歴史のすべてのものを、そっくりそのまま切ってしまわなければなりません。そして、灰をまき、そこに芽接ぎをしなければならないのです。枝接ぎをするというのです。すると、そこから芽が出て、根が地に下り、これ（台木）が肥やしになって早く大きくなります。そうすれば、新しい芽、新しい根と新しい幹を中心として、元の台木は必要ないので切ってしまうのです。それで、元の台木とは関係のない立場で、新しい種と実を、真のオリーブの木の実を結ぶようになるのです。（二二六―三一七、一九九二・二・九）

結局、接ぎ木しなければならない男性と女性だということを知らなければなりません。芽接ぎで接ぎ木した木は、台木をすべて切ってしまうと生き残るのが難しいのですが、台木の根もとに接ぎ木して生きるようにすれば、枝が伸びて根を下ろすようになるのです。この接ぎ木した木の根が下りれば、この根の半分はその接ぎ木した木にくっつき、半分は地にある台木の根と連結されます。そうなれば、ほかの腐った根は切ってしまってもよいのです。接ぎ木した枝が大きくなって新しい地に根を下ろせば、この接ぎ木した木にくっついているこの台木は腐ります。腐っていくものを切ってこそ、新しい芽、新しい根を中心として木が自立するのです。（二二三―三〇九、一九九一・一一・一七）

先生がすべて勝ってサタンを除去し、皆さんの夫の体を先生の体と同じ立場で取り戻してきました。ですから、祝福を受けた皆さんの夫の体は、勝利した先生の体をはんだ付けしておいたのと同じです。ですから、（先生の体を）はんだ付けしてくっつけておいたその男性と暮らすのが祝福家庭なのです。（二五一―三〇六、一九九三・一〇・一）

アダムの体にサタンの体をつないで五十億の人類を生んだので、今まで先生が、十六歳の体の上に、完成できるアダム的世界の覇権を勝利し、サタン世界を否定する立場に立って復活したアダムの体をつくっておいたのです。この十六歳になったものを切って接ぎ木してあげるのです。アダムが完成したその基準をここに接ぎ木してあげることによって、第一次完成した体を移してあげることによって、第二次完成したアダムを創造するのです。（二七五―二九六、一九九六・一・二）

皆さんは、第二のエバです。第一のエバは、お母様でしょう？　ですから、お母様の分身なのです。そのような分身と男性が一つになれば、第二のアダムをつくるのです。第二のエバではなく、第二のアダムが先生によってつくられるのです。先生が堕落していないアダム家庭の完成圏を世界的基準で立て、第二のアダムをはんだ付けしてつくり、第二の女性と結ぶことによって世界的な祝福圏に越えていくのです。（二五五―一九六、一九

九四・三・一〇）

堕落するとき、女性を中心として男性に接ぎ木して堕落したので、絶対に堕落できない立場で天の女性を（男性に）接ぎ木するのです。それが愛です。接ぎ木するにおいては、サタン世界の根よりも高い芽、長成期完成級ではなく完成期完成級の芽を接ぎ木するというのです。そうすることによって、下にいるすべての人は、すぐに完成級の人についていくようになるのです。堕落するときは、長成期完成級でしたが、再臨主は、完成期完成級の愛の王の位置で、より高いレベルの愛をもってすべての女性を接ぎ木するのです。接ぎ木するときは、本然の愛、本然の生命、本然の血統を接ぎ木するのです。

（二三五―二九六、一九九二・一〇・二五）

㈡ 真《まこと》の父母による祝福結婚

もし、エデンの園で、神様の創造が、女性はなく男性だけの創造に終わったとすれば、どのようになっていたでしょうか。奇跡の中の奇跡は、男女が共存するという事実です。

片方だけの存在は、何も存在しないのと同じです。人類はそのまま、百年もたたずに終わっていたでしょう。男性と女性が共にいる所であってこそ、天道が立てられ、人倫道徳が始まります。したがって、完成したアダムとエバの結婚は、神様御自身の結婚になっていたのです。神様であってアダムであり、エバであって神様である、このようにアダムとエバは神様の体となり、神様は彼らの心の位置に安着され、有形、無形の両面で人類の真《まこと》の父母になっていたのです。（二〇〇五・八・二〇）

結婚はなぜすると言いましたか。天国に行くために、そして、人類を救うためだと言いました。祝福結婚を通して夫婦になれば、夫の前にいる妻は神様の娘であり、人類のすべての女性を代表する娘であることを知らなければなりません。人類が愛するように、神様が愛するように妻を愛してあげることができれば、夫となる資格があります。女性も同じことです。自分の夫だと思って、「あれは私の男だ！」と言わないでください。「私の男だ」と主張する前に、彼は神様の息子であり、人類のすべての男性を代表する男性だと考えなさいということです。

夫婦の関係は、夫が右足ならば妻は左足です。共に神様のために生き、人類のために生きていく人生の足跡を残さなければなりません。その足跡が正に皆様の家庭です。ところが、右足でも左足でも、どちらか一方でも完全でなければ不釣り合いになってしまいます。不釣り合いな足跡を残す人生を送る皆さんになりますか。妻は夫を天のように信奉し、夫は妻を地のように尊く慈しむ夫婦になるとき、彼らが互いに抱擁するその場は、天地が合徳する場であり、宇宙の合一が成される場になるのです。(二〇〇五・八・二〇)

アダムとエバが、神様のみ旨のとおりに個性完成、すなわち人格を完成して、神様の祝福の中で夫婦関係を結んで神様と完全一体を成したならば、神様が彼らの中に臨在できる因縁が決定したでしょう。さらには、彼らの子女にも、神様と直接的に父子の因縁を結べる愛の基準が連結したでしょう。これを総称して、人間に対する神様の祝福と呼ぶのです。一般的に祝福とは、福を祈ってくれるという意味です。だとすれば、福の中の最高の福とは何でしょうか。人間にとってどのような福が最も貴い福かというのです。お金ではありません。名誉でもありません。権力でも、知識でもありません。アダムとエバが神様の祝福の中で結婚し、罪のない子女を繁殖することさえできたならば、それ以上に貴い福はなかったでしょう。宇宙万象も喜んで和合し、神様にとっても最高の喜びの日になっていたのです。このような祝福の場は、摂理的に見るとき、地上天国と天上天国が出会う場なのです。（二〇〇五・八・二〇）

世の中では、レバレンド・ムーンが主導してきた祝福結婚式を、単純に統一教会式の結婚式にすぎないと言います。しかし、祝福結婚式は、単に男女が出会って一つの家庭を築く婚礼式ではありません。今までの世の中の結婚式は自分たちを中心とした結婚式でしたが、祝福結婚式は、神様に喜びをお返しするにふさわしい内容を備え、歴史を蕩《とう》滅《げん》する貴い条件として、神聖で盛大に挙行する、それこそ祝福と復活の儀式なのです。アダムとエバの堕落によって始まった神様の恨《ハン》を解怨《かいおん》し、イエス様が成し遂げられなかった新郎新婦の基準を通過するものだということを知らなければなりません。したがって、祝福結婚という言葉は、統一教会から始まった言葉ではありません。創世から堕落以後今日まで、歴史過程を通して神様の内心の中で一つの願いとして残され、常にこれを追い求め、また願ってきたということを知らなければなりません。（二〇〇五・八・二〇）

血統的に接ぎ木すること、それが皆さんの受けた祝福です。それが何かというと聖酒式です。そのために、皆さんは血統が違うというのです。ですから、先生と絶対的に一つになった人は、サタン圏内に落ちていかないのです。(一六五―二八六、一九八七・五・二七)

約婚式は、人間始祖アダムとエバが約婚段階で堕落したことを復帰する式です。そして、聖酒式は、堕落によって血統的に汚されたサタンの血を抜いてしまうのです。言い換えれば、原罪を抜いてしまう式だというのです。(三五―二一五、一九七〇・一〇・一九)

聖酒式をしたならば、私たちは新しい一族です。新しく接ぎ木したのです。根が違うというのです。堕落した世界とは根が違います。すべて断ち切ってしまい、新しい芽が出てこなければなりません。ですから、統一一族だというのです。質が異なり、考えが異なり、向かう目的が異なります。(一七六―三三九、一九八八・五・一三)

すべての祝福家庭は、アダムとエバが堕落する以前の立場に復帰され、完成した立場にいます。エデンの園でアダムとエバが堕落せずに成長していたならば、祝福を受けていたでしょう。ですから、本然の出発点とは何かというと、アダムとエバが祝福を受けて出発しなければならない一つの家庭です。それで、すべての祝福家庭は、一つの種から収穫されたものと同じように、同等の価値をもつのです。（二〇〇一・一・二一）

第五節　神様のモデル平和理想家庭と平和理想世界王国

(一)　モデル平和理想家庭

家庭をすべて成して幸福に暮らさなければなりません。その息子、娘をよく育て、祖父母、父母、孝子、このように三代を成して暮らさなければなりません。三代が一つにならなければならないのです。理想家庭はそうでなければなりません。三代が一緒に暮らす家庭がモデル家庭なのです。(二四八―六四、一九九三・六・二〇)

宇宙万物の創造主であられる神様は、どのような姿で存在されるのでしょうか。神様は二性性相でいらっしゃいます。ここで言う二性性相とは、男性格主体と女性格対象の二性性相を意味します。したがって、神様の男性格を分立させて創造したのが人類最初の男性格先祖であるアダムであり、神様の女性格を分立させて創造したのが人類最初の女性格先祖であるエバです。そして、アダムとエバを再び合わせた姿と同じものが彼らの子女です。神様の創造は、このように正分合の原則に従って展開します。神様を一代としてアダムとエバが二代ならば、彼らの子女は三代の位置に立つようになり、一つの家庭で三代圏を形成して、未来永劫《えいごう》、罪のない子孫が繁栄するように祝福されたのが神様の人間創造でした。(二〇〇五・八・二〇)

人間創造を通した神様の理想は何だったのでしょうか。それは正に四位《よんい》基台を成すことです。四位基台とは、神様を中心としてアダムとエバが神様の愛の圏内から抜け出そうとしても抜け出せない完全一体の境地を意味します。神様と一体を成すことはもちろん、彼らが互いに一つになって理想的な夫婦を成し、理想的な子女を繁殖することによって成し遂げるようになる神様中心の家庭的基台をいうのです。このように家庭的四位基台が完成すれば、これが正に神様の願われた創造理想家庭になるのです。

一般的に家庭とは、結局父母と子女、そして夫婦の結合によって成された一つの束ですが、この束の中心が神様の愛でなければならないということです。ここで夫は天を代表し、妻は地を代表するようになります。したがって、夫婦は二人ですが、彼らが横的に一つになるとき、天と地が統一される立場に立てられるようになります。神様の愛を

中心として夫婦が一つになれば、天宙が統一される道が開かれるということです。(二〇〇六・二・三)

神様も、どこかに外出すれば、慕わしくて再び訪ねてこれる、そのような家庭を探し立てるのです。それは、父母が子女の家を訪ねていくように、気楽に訪ねていける家庭を準備しなさいということです。それが正に神様に侍って暮らす生活です。そのような家庭には、神様が縦的に良心的な主体となり、皆様の心はその縦的な主体に従い、自分自身の縦的な主体の立場に立って心と体を統一するのです。そこでは父母の愛、夫婦の愛、子女の愛、兄弟の愛、このように四大愛圏、すなわち四大心情圏の完成を見るのです。このような家庭でこそ、上下、前後、左右が一つに連結されて球形運動を継続するようになり、したがって、永存するモデル的理想家庭の王国になるのです。(二〇〇六・二・三)

家庭を成すにおいては、男性、女性を問わず、独りではできません。真《まこと》の愛によって完成した男性と女性が夫婦の因縁を結び、子女を生んで育てるとき、その家庭は真なる家庭となり、自動的に平和が宿り、幸福があふれるようになるのです。

子女たちは、父母が結んでくれた配偶者に出会って夫婦になる時まで純潔を守り、夫婦になれば貞節を守り、父母に似て二代目の真《まこと》の家庭を成すようになるでしょう。

このように、真の家庭で受け継がれる真の血統が三代まで続けば、神様はその家庭に安着されるようになり、人類が何よりも願ってきた世界である地上天国が成し遂げられるのです。そのような真の家庭の拡大版が正に地上天国であり天上天国なのです。（二〇〇二・二・一五）

(二) 平和理想世界王国

1 神様を父母とする人類一家族世界

理想的な社会や国は、すべての人が国境と皮膚の色を超越し、相互協力と調和を成し、幸福に生きていく社会です。この社会は、人々が唯一なる神様の息子、娘であることを自覚し、真の父母を中心として一つの兄弟となった大家族社会であり、そこは血統と所有権と心情を復帰した祝福家庭が、真の父母の言語、真の父母の文化のもと、自由と平和と統一の世界を成し遂げるところです。そこにおいて人々は、神様の心情文化の中で共生、共栄、共義の生活をするようになるでしょう。（二六九―一五五、一九九五・四・一七）

神様の経綸《けいりん》と歴史の帰趨《きすう》を見れば、人類は、国境と人種を超越し、神様を真の父母として侍って生きていくべき巨大な一つの家族です。一つの世界家族として、一つの囲いの中で調和して協力すべき運命共同体なのです。（二七九―二〇八、一九九六・八・二〇）

心情の世界では、すべてが平等です。天国では、老人を父母として待遇し、人類を愛する一つの家族として接し、すべての男女を兄弟として接するのです。天国は家庭を拡大した世界として、兄弟愛の世界です。（一二―五七、一九六二・一〇・七）

私が生涯を通して尽力してきたすべての内容は、父母であられる神様の前に世界人類は兄弟姉妹であり、一つの家族であることを確認することでした。人類は、人種や民族、国境を超越し、父母であられる神様を中心とする家族なのです。（二三四―二四七、一九九

二・八・二四)

2　ために生きる真《まこと》の愛の心情文化世界

私たちが今後、理想的な世界において、主流、あるいはその基盤になり得る文化の源泉は何でしょうか。原料となる文化として、誰もが必要とする文化とは何でしょうか。それは心情文化です。父母は子女に出会わなければならず、子女には父母がいなければなりません。兄弟がいなければなりません。私の民族がいなければならず、私の国がなければなりません。すべてそうです。私の世界がなければならず、私の天地がなければならないのです。これが心情の文化です。今から私たちは、心情的な文化世界を創造していくのです。(一五一―二九、一九六二・一〇・七)

心情文化世界は、神様の本然的文化世界であり、堕落していない完成したアダム文化世界です。文化は二つではありません。一つしかないのです。言語も一つであり、風習も一つであり、習慣も一つであり、伝統も一つしかない、このような統一の世界にならなければなりません。

なければなりません。そこにおいてこそ、神様が個人と共に暮らし、家庭と共に暮らすということを知らなければなりません。（二六一―九三、一九九四・五・二二）

宇宙の存在秩序は、ために生きることを根本としています。真なる理想、真なる愛、真なる平和の世界は、神様の創造理想であると同時に人間の希望です。ですから、理想の起源、幸福と愛の起源は、相対のために生きるところにあるのです。

宇宙を見れば、どの存在物も、自分のために存在するものは一つもありません。動物界は植物界のために、鉱物界と植物界は動物界のために、またこのすべてを合わせた万物は、人間のために存在しています。それでは、人間は誰のために存在しているのですか。人間は神様のために存在しているのです。その神様は、また万物のために、彼らが存在し成長、発展するようにされるのです。（一三五―二三三、一九八五・一二・一一）

ために生きる生活は、個人的な基準の秩序で終わるのではありません。家庭的な基準でその構成員たちがために生きるときに、初めて家族の真の和合と幸福の理想が実現される家庭天国が成されるのです。さらには、国家的基準で全国民がために生きるところで国家天国が成され、世界的基準で全人類がために生きるときに、全人類の真《まこと》の和合と幸福の理想が実現され、世界天国が成されるのです。（一三五―二二三、一九八五・一二・一一）

真の愛を中心として楽しく暮らさなければなりません。動物と語り、すべての万物と和合し、神様と和合しなければなりません。そのようになれば、国境というものはないのです。文化が異なりません。愛の文化です。愛の文化は趣味文化なので、趣味生活が愛です。自分が妻を愛し、息子、娘を愛するということを、世界版図ですることができるというのです。自分の家庭を拡大した文化祝典は、すべて対象圏です。ですから、そこに参席して楽しむ心情文化世界が地上天国の文化なのです。（二七六―二〇九、一九九六・二・二四）

3　共生共栄共義主義世界

理想世界は、経済的には共生主義、政治的には共栄主義、そして倫理的には共義主義の社会です。共生主義とは、神様の真の愛を基盤とした共同所有を中心内容としています。共生主義社会の基本となる典型は家庭です。単純な物質的所有だけではない、神様の愛を基盤とした共同所有です。

家庭におけるすべての財産は、たとえ法的には父母の名義になっていたとしても、実質的には父母と子女、すなわち全家族の共同所有となっています。それと同時に、家族の個々人は、各々部屋と衣類、小遣いをもつようになります。このように、家庭においては、全体目的と個体目的が調和を成すようになっています。このような愛が基盤となった家庭の理想的な所有形態が社会、国家、世界へ拡大されたものが、理想社会の所有形態です。

神様と人間の本然の関係は、真の愛を中心とする関係です。神様と私の共同所有、全体と私の共同所有、隣人と私の共同所有など、様々なケースがありますが、神様の真の愛が中心となった感謝する心で共同所有をするようになっています。

神様の愛を完成した人間が成し遂げる理想世界においては、全体目的と個体目的が自然に調和します。人間は、欲望もあり、愛の自律性ももっているので、個人所有、個体目的が許諾されています。だからといって、無限定な個人所有、または全体目的を害する個体目的を追求することはありません。完成した人間は、自らの良心と本性によって自己の分限に合った所有量をもつようになるのです。

特に、真《まこと》の愛による万物の真の主人の人格となる理想的な人間の経済活動は、愛と感謝を底辺としているため、過分な欲望と不正はあり得ません。同時に、全体目的に反する地域や国家利益が強調されることもなく、また経済活動の目標が利潤の追求ではなく、全体の福祉に焦点が集まるのです。

共栄主義は、神様の真の愛を基盤として共同参与し、自由、平等、幸福の理想が実現される政治を追求する主義です。共同政治参与の形式は、代議員を選出することになります。しかし、政治単位が愛中心の家族関係の拡大だと理解するとき、代議員の候補者は、互いに敵対関係にはなりません。唯一なる神様を父母として侍る兄弟関係として、周辺の推薦により、奉仕する使命感で候補になるのです。

そして、いくつかの選出段階の過程を経て、最後の決定は、人為的な条件が介入できない神様のみ旨に従って決めなければなりません。すなわち、祈祷と厳粛な儀式による抽選方式によって当選者を確定するやり方になります。神様のみ旨と天運によって当落が決定するので、全員が感謝し、結果を喜んで受け入れるのです。

理想世界の国家の重要機関と各部署は、共同目的のもとに互いに円満な授受作用をしながら調和します。ちょうど人体の様々な器官が、頭脳の指示による共同目的のもとに、合目的的、または自律的に協助するのと同じです。

共義主義は、真の愛を中心とする普遍的な倫理、道徳を守り、構成員全員が善と義の生活を追求する主義を言います。それは、神様の真の愛による絶対価値のもと、万民が倫理、道徳を普遍的に実践する道義社会を指向する理想となります。

理想世界は、理想家庭と完成した人間を前提としています。真の愛による理想的な父母、理想的な夫婦、理想的な子女の統一的な調和が理想家庭の要件になります。また完成した人は、真の愛によって心身が調和統一を成した人になります。

このように完成した人たちが、真の愛の基地である家庭生活、またその拡大である社会生活において、自律的に善と義を行う最高の愛の世界、道義世界が理想世界なのです。

（二七一―七六、一九九五・八・二二）

第二章　神様王権即位式

第一節「神様王権即位式」とは

(一) 神様の王権

「王権」というのは、民族の前に天が主人として臨在されることです。「主人」というときの「主」の字は、「王」の上に「、(てん)」です。これは神様です。神様が王の主人になるのです。神様が臨在されてこそ、主権が生じるのです。(二五一―二六六、一九九三・一〇・三一)

神様は王の中の王です。大統領は、みな代わって消えていきます。大統領は四年しかできません。しかし、神様の王権は愛の王権です。ために生きる王権だというのです。自分のために生きる王権ではなく、人のために生きる王権なので、永遠に続くのです。(二六八―一四二、一九九五・三・三一)

神様の願いとは何でしょうか。悪魔サタンに奪われた人間を、奪われる前の本来の位置に戻し、悪魔サタンの王権をなくして神様の王権を回復することです。（七四―一七五、一九七四・一二・九）

この歴史時代において、神様に苦痛を与え、人類に苦痛を与えたサタンを追放し、神様の国と神様の王権を取り戻して、神様を、世界を支配する王として立てなければなりません。それが私たちの使命であることを理解して、そのために総進軍すべき義務が現在の私たちの責任だということを知らなければなりません。（七二―九五、一九七四・五・一九）

(二)「神様王権即位式」とは

神様解放のターミナル・ポイントは何でしょうか。ターミナル・エイム（最終目標）は、「神様王権即位式」です。神様の創造理想も、個人から天宙までの八段階すべてのターミナル・エイムも「神様王権即位式」です。堕落以降の摂理観的ターミナル・ポイント（終着点）も「神様王権即位式」だというのです。政治と経済のターミナル・ポイントも同様であり、知識世界のターミナル・ポイントも「神様王権即位式」です。これは、人間だけではなく、神様も願われるターミナル・ポイントなのです。（三四六―一〇、二〇〇一・六・二一）

「神様王権即位式」は、二〇〇一年一月十三日です。十三数は、西洋では最も悪い数ですが、これは中心数です。春夏秋冬、四季の十二カ月を中心として中心数だというのです。ですから、オリンピック大会（一九八八年）から今年まで、本来は先生の誕生日までが十二数です。その時から十三数を中心として、三〇〇〇年に越えていく最初の十三数に王権樹立をしたということは、驚くべき事実だということを知らなければなりません。（三五五―二四、二〇〇一・一〇・三）

歴史始まって以来、それ以上に誇る日はありません。その日の喜びというものは、サタン世界において、国を統一し、アジアを統一して祝賀する、その日が問題ではありません。歴史始まって以来初めての祝賀の日であり、人類として願った希望であり、神様が摂理で願っていたことであり、歴史が願っていた希望であり、すべての宗教の理想の終着であり、万国家理想の終局として見つめ得る定着基地が「神様王権即位式」なのです。(三四五―二八一、二〇〇一・六・二一)

四十年間、荒野に追い出されました。すべて奪われてしまったのです。その時の神様の悲しみは、アダムとエバの家庭が失敗した時が問題ではありません。イエス様が死んだ時の悲しみが問題ではありません。三次目として来られた真《まこと》の父母を中心として、七年以内で一度に天下統一できるはずだったすべてのものが水泡に帰したのです。荒野に追い出され、その道を行った真の父母に神様もついていかなければなりません。悪の世界にいることはできないのです。そうして、真の父母がイエス様の死んだ体を初めて実体的基準で取り戻し、再びこの実体的基準に霊的基準を連結させたのが、今回の三〇〇〇年に向かう出発と、聖書歴史七千年が出発する、二〇〇一年の一月十三日に行われた「神様王権即位式」なのです。(三四六―二二七、二〇〇一・七・一)

神様の王権というものは、歴史始まって以来、これが初めてです。誰も想像することができず、考えたとしても、どのように即位式をするのかという内容を知っている人が誰もいなかったというのです。統一教会で先生がそのような内容を知っているので、このことをしたのです。このことをするために、数多くの複雑な筋道をつかんで一箇所に引き上げなければなりませんでした。

神様の真の愛と真の生命と真の血統、愛の情緒的な面を中心として関係を結ぶことができる宇宙が、神様とは完全に断絶した立場で今まで来たので、これをつなぐために再創造の心情を連結させてきました。再創造の心情です。これは創造より、もっと難しかったのです。（三四五―一〇、二〇〇一・五・二〇）

すべてのものの唯一の定着地が神様の主権です。ところが、神様がそのような主権をもてなかったので、絶対的な神様、全能の神様になれませんでした。今から神様が、そのような主権を取り戻されるのです。「神様王権即位式」をすることによって、神様がすべての被造世界の中心になるのです。（二〇〇一・一・二一）

第二節　「神様王権即位式」のための基台

(一)　神様を解放するには

神様を解放するためには、サタンがこの世界の基盤の上に残っていてはいけません。それでは神様が解放されないのです。サタンが「もう完全に後退だ」と言い得る世界的版図を造成しておかなければ、神様の解放圏が地上に発表されないというのです。それが原理です。（一三七―二二五、一九八六・一・二）

世界的な宗教の内容の中には、神様を中心とする愛と神様を中心とする生命と、神様の血筋を中心とする長子権、血筋を中心とする家庭の父母権、血筋を中心とする王権がありあます。これらすべてのものが神様から始まったのです。サタンから始まったのではありません。ですから、サタン圏の一切を否定し、天の圏の完全勝利の基盤、長子権、家庭の父母権、王権を設定して着陸しなければなりません。そうしてこそ、人類始祖が

堕落した圏を越えて、初めて解放圏が地球星《ぼし》に設定されるのです。（二〇六―二四五、一九九〇・一〇・一四）

神様を解放するためには、天地においてサタンを屈服させ、霊界の地獄をふさいでいる壁を崩さなければなりません。地上人たちと霊界人たちを、神様を中心とする祝福の道に自由に出ていくことができるように整備しなければ、真《まこと》の愛の神様の心情が自由になって解放されないのです。このすべてのことは、サタンの公認はもちろん、宇宙の公法に合わなければなりません。既にサタンが国家基準の主管権を行使している地上は、超国家的な世界基準の勝利的条件が立てられなければならないのです。（三四三―一九八、二〇〇一・一・二九）

神様が神様御自身を解放することはできません。それを知らなければなりません。神様は、神様御自身を解放できないというのです。なぜでしょうか。堕落したのはアダムとエバだからです。神様を解放するためには、アダムとエバが完成し、このすべての経緯を明らかにしてサタンを除去しなければなりません。そうしたのちにこそ、神様を解

放することができるのです。（二六三―二二〇、一九九四・一〇・四）

偽りの父母が神様を牢獄に閉じ込めたので、真の父母が解放的な主人として神様を解放しなければなりません。サタンが搾取してしまった長子権、家庭権、王権を片付け、先生が築いた基盤に神様をお迎えし、家庭統治、氏族統治、民族統治、国家統治、世界統治まで完結すべき責任があるので、今までそれをしてきたのです。（三〇三―二六四、一九九九・九・九）

人間が神様を王の位置に即位させるということは、途方もないことです。救世主であり、真の父母として、すべての天国の伝統を立てることができる新しい愛と生命と血筋を成し、地上と天上を祝福したという権限を成して初めて可能なのです。神様の祝福圏内に立った人々は、神様と直系の血統的関係を結んだので、サタンとは関係がありません。その解放圏によって初めて、偽りの父母と天使長が一つになってひっくり返して打ち込んだものが除去されるのです。ですから、真の父母がサタンを除去してしまい、地獄と楽園を撤廃し、天国だけが残されたその上で、天国の中心である神様を探し立てる

のが「神様王権即位式」だというのです。（三三九―八八、二〇〇〇・一二・七）

(二)「神様王権即位式」のための基台

1　「神様王権即位式」までの四十年期間

①すべての宣布・宣言は「神様王権即位式」のため

先生は、五十六年間の摂理路程において、数多くの宣言をしました。氏族を拡大する宣言、民族を拡大する宣言など、すべて杭《くい》を打ち込んだのです。そして、「真《まこと》の父母」に対してもはっきりと明らかにしました。文《ムン》先生を先頭に立ててついていかなければ、万民万国の解放圏を成し遂げることができないということも、すべて宣布したのです。それでは、その宣言の最後の目的は何だったのでしょうか。それは、「神様王権即位式」を終えることだったのです。そこに支障をきたす障害物がないようきれいに整備するために、数多くの宣言を宣布したのです。（三五二―三二五、二〇〇一・九・一）

宣言したすべてのものの目的は、王権即位式をしてその王宮の民となり、王宮の忠臣となり、聖人、聖子《せいし》になるためです。神様が願われる所願成就を準備すべき責任土台を備えるのが神様を中心とする王権の樹立です。創造の神様が、堕落のために怨恨《えんこん》の神様、復帰の神様になりましたが、今から復帰完成の勝利の神様になるのです。ですから、王権の樹立が貴いのです。宣布したすべてのものの目的は、王権の樹立に支障がないようにするためだということを知らなければなりません。(三五二—一八一、二〇〇一・八・三一)

②真の父母様の御聖婚式

今日この地上に偽りの父母が現れ、その偽りの父母が神様の怨讐《おんしゅう》になったので、これをすべて取り戻さなければなりません。それで新しい父母、真の父母が現れなければならないのです。すなわち、堕落していないアダムとエバがこの世界に再び来てこそ、そのアダムとエバによって、この地の人類を再び生んだという条件を立てることができるのです。(一九—九四、一九六七・一二・三一)

本来、エデンの園で真《まこと》の先祖である真の父母が生まれていなければなりませんでしたが、人間の堕落によって、六千年が過ぎた今日になって初めて、再臨時代を中心として、神様は真の先祖を取り戻したのです。言い換えれば、サタン世界に勝利した一人の男性が生まれ、一人のエバを再創造した基準で、神様の祝福を受けて聖婚式をすることにより、初めて六千年前の真の人類の先祖の位置に立てられる基準を復帰したのです。大勢の堕落の子女たちが繁殖した六千年目になって、初めて真の父母が生まれたというのです。(一九一一六四、一九六八・一・一)

今日、この地上の宗教指導者たちは、神様の摂理のプログラムに関して知りません。韓国を中心として、今世界に向かって跳躍できる神様の摂理の道が開かれ始めたのです。その始発点になるのが、正に一九六〇年の四月を中心として行った聖婚式だったというのです。(一九六一二一八、一九九〇・一・二)

アダム家庭のカイン、アベル、セツ、三人の復活体として相対基準を成し、その基台の上で約婚の立場を越えて実体的に父母の立場を決定したのが一九六〇年の聖婚式でした。神様の恨《ハン》となったアダム家庭の三人の子女と父母が一体となった立場を成し遂げたということ、それがこの地上において、歴史始まって以来初めて韓国で成就したということは、世界的な事件であり、この時から韓国に新しい歴史の運勢が回り始めたと言うことができるのです。（二二一―一九一、一九六九・二・二）

一九六〇年度に、初めて祝福というものをしました。この事実は、統一教会が国家の中において新しい一つの胚芽《はいが》となり、それが発展し、全国に一つの根を下ろすことができる基盤が芽生え始めたのです。ここから世界に向かって出発したのですが、それが一九六〇年度なのです。（七九―一四、一九七五・六・一六）

真の父母がすることは何でしょうか。すべてのことを勝利して、神様の心の奥深いところまで訪ねていって恨を解怨《かいおん》し、その勝利圏を地上に成すことです。そのような真の父母が出現したということを、皆さんは感謝しなければなりません。縦的な真の父母である神様は、歴史においてどれほど悲惨だったでしょうか。地上に再臨主を送って地上

解放を成すまで、どれほど悲惨だったかということを知らなければなりません。(二三五—二二、一九九二・八・二四)

2 「神様王権即位式」までの四十カ月期間

①「七・八節(天地父母天宙安息圏)」宣布(一九九七年八月九日)

家庭を中心とする世界的な拡大は、祝福家庭を中心としてするのです。三万双から三十六万双、三百六十万双を中心として、家庭的世界版図ができることにより、神様個人よりも神様の家庭が行くにおいて、真《まこと》の父母の家庭が行くにおいて、縦的な恨《ハン》の道と横的な恨の道を経ずに神様がこの地上にいらっしゃることのできる時代圏を迎えたので、「天地父母天宙安息圏」を宣布したのです。

世界的な家庭です。縦的な家庭を中心として、世界的に家庭を拡大するのです。それで、三万双、三十六万双、三百六十万双です。蘇生《そせい》、長成、完成で、これができることによって、世界の統一家庭が動くにおいて障害物がなく、歓迎され得る時代になったので、神様がどこに行っても休むことができる時代が来たのです。それで、この宣布式をしたのです。（二八七―一〇八、一九九七・九・一九）

②「第四次アダム圏時代」宣布（一九九七年九月十一日）

先生が第四次アダム圏を発表しました。第四次アダム心情圏です。それが何かというと、堕落前のアダムとエバのことです。ですから、堕落せずに神様と完全に一つになった立場にいる祝福家庭のことなのです。（三四三―一〇八、二〇〇一・一・一六）

祝福を受けた家庭は、サタンを整備できる司令官にならなければならず、国と世界が復活できる環境的与件がそのまま連結された第四次アダム圏の祝福中心家庭だという、驚くべき事実を知らなければなりません。（三五一―二三五、二〇〇一・八・二七）

先生は、ウルグアイでサタンの総蕩滅《とうげん》時代完了を宣布しました。ですから、その時代は過ぎていくのです。時代が変わります。堕落圏をすべて片付けてしまい、本然の創造理想圏に越えていくので、第四次アダムから始めるのです。一次アダムの失敗、二次アダムの失敗、三次アダムが蕩減《とうげん》条件に引っ掛かっていることを清算し、四次アダム時代に越えていくのです。第四次アダム時代に越えていくからといって、四次アダムが先祖になるのではありません。真《まこと》の父母を中心として、真の父母の指揮下でそれが始まるのです。結局、何が起きるのでしょうか。先生が祝福してあげなくてもよいのです。自分たち父母が祝福してあげる時代に入っていくというのです。（二九三―二七四、一九九八・六・二）

③「訓読会」制定（一九九七年十月）

一九九七年十月十日にパンタナールに行き、百六十匹の魚をすべて生きた祭物として捧げる式をして、その次にウルグアイに行って「『訓読会』の伝統を立てなさい」と指示しました。（二九三―一二一、一九九八・五・二六）

伝統を伝授するために訓読会を始めたのです。訓読会のみ言《ことば》は、過ぎていくみ言ではありません。皆さんが地上に着地するための、すべての実践教材だということを知らなければなりません。伝統を相続しなければならないのです。伝統を知って実践しなければなりません。その伝統は、昼も夜も受け継がなければならないというのです。その伝統を受け継ぐようにする訓読会は教育です。伝統を教育する場なので、それを知れば、先生と天が苦労したその道に拍子を合わせて行動し、自分自身の国と家庭を設定しなければなりません。これは重大なことです。誰も干渉してくれません。皆さん自身が中心とならなければ、霊界が協助できる時代が過ぎていくということを知らなければなりません。（三〇二―二七八、一九九九・六・二六）

④「告天文と霊肉界の統一祝福式」宣言（一九九八年六月十三日）

第二次世界大戦以降にキリスト教文化圏の統一的基盤を中心として、宗教圏と非宗教圏を連合することができたのと同じように、聖人と殺人鬼の連合も、解放を中心として完全にひっくり返さなければなりません。ひっくり返すにおいては、根を残したままひっくり返すことはできません。ですから、聖人の祝福と殺人鬼の祝福です。これをすべて同じ位置に立てなければひっくり返すことができないのです。天の国だけではいけないというのです。地獄までも撤廃できなければなりません。それを一九九八年六月十三日にしたのです。聖人と殺人鬼を同じ位置で祝福してあげました。

彼らはどういう立場かというと、兄弟です。彼らが一つにならなければ、真《まこと》の父母の解放圏、地上のアダム解放の長子権、父母権、王権を成立させることができません。サタンに捕まっているのですが、サタンの影やサタンが血統的に汚したものがあってはいけないのです。それを清算するために、一緒に祝福してあげて越えていくというのです。

(三二七―三〇、二〇〇〇・七・二四)

⑤サタン自然屈服（一九九九年三月二十一日）

サタンを屈服させたのはいつですか。一九九九年三月二十一日です。(二〇〇三・一・一)

聖人と殺人鬼を一緒に祝福してあげ、サタンまでも解放するという、このようなことが起きるのです。これが一九九九年三月二十一日です。ルーシェルが神様の前に、真の父母と人類の前に罪状を直告し、神様の処分どおりに現在身を隠している状態で、自分の一族が天の前に帰ることを願っています。ルーシェルが帰らせることはできません。神様も帰らせることはできないのです。先生がやらなければなりません。（三二二―九七、二〇〇〇・五・一五）

⑥真のお母様の勝利（一九九九年六月十四日）

お母様がサタン世界の最高クラスを中心として、巡回講演を通して八十カ都市で勝利の覇権をもって戻ってきたので、お母様は、お母様としての責任を果たし、初めて神様が公認した位置に、サタンが公認した位置に、人類が公認した位置に立つようになったのです。キリスト教をはじめとする人類の宗教圏を越えて勝利の版図圏に立ったので、失敗したエバが復帰された価値として、アダムと同じ位置で入籍し行動できる、このような資格をもつために、これを天地に宣布するのです。それで、この場で文《ムン》総裁がお母様に対して、韓鶴子《ハンハクチャ》女史に対して表彰するのです。（三〇二―二三一、一九九九・六・一四）

⑦還元式（二〇〇〇年六月）

復帰摂理の進展に伴い、海洋還元、陸地還元、天宙還元とともに第四次アダム圏の心情圏還元を宣布した土台の上に、失ってしまった神様の王権を取り戻す歴史的な「神様王権即位式」を二〇〇一年一月十三日、韓国において挙行しました。（二〇〇一・一〇・二九）

⑧「三時代大転換四位《よんい》基台入籍統一祝福式」（二〇〇〇年九月）

「三時代」とは何かというと、旧約時代、新約時代、成約時代のことです。それは、四位基台ができていないために出てきたのです。人類始祖が、旧約時代に宗教が出てくる以前に、神様だけが知るその時代において夫婦となり、真《まこと》の父母になること、それが神様の人間を創造された目的でした。しかし、旧約時代に真の父母がいなかったのであり、新約時代に真の父母がいなかったのであり、成約時代に真の父母がいなかったのです。

失敗したものをすべて連結し、三時代を転換してひっくり返すのです。ですから、「大転換四位基台入籍統一祝福式」です。統一です。天と地の統一、夫婦の統一、心と体の統一、民族の統一、神様と真の父母の統一です。これが最後です。このような日が来るまで、神様がどれほど精誠を尽くされたかという事実を知らなければなりません。(二〇〇〇・九・二六)

3 「神様王権即位式」までの四十日期間

二〇〇〇年十月十四日に、先生の地上にいる息子、娘と霊界に行った息子、娘を一つにして何をしたのでしょうか。先生が霊界にいる息子、娘と地上にいる息子、娘を中心として一つに連結し、聖人たちと兄弟の関係を結んであげたのです。どこがプラスかというと、この地上がプラスです。先生の息子、娘を中心としてプラスであり、霊界がマイナスです。興進君《フンジン》を中心としてイエスと一つになり、地上世界と天上世界を連結させておいたというのです。

それをしたあとは、地獄を解放しなければなりません。霊界の聖人たちだけではいけないのです。地獄を解放しなければなりません。地獄を解放した日が何日ですか。十二月三日に楽園と地獄を撤廃したのです。昨年の六月十三日までは、霊界の聖人世界の三分の一を祝福してあげました。そして、昨年の十二月末までに残りの三分の二を祝福しました。それで完全に終わったのです。(三四五―一九、二〇〇一・五・二〇)

霊界は、楽園と地獄まですべて解放しました。先祖たちを解放し、すべてそのようにしたので、霊界もすべて解決したというのです。ですから、国家基準を越えました。堕落したアダムとエバ以降、堕落圏内に入っているのが国家基準です。長成圏が国家基準ですが、今まで国家基準を中心として迫害してきました。キリスト教文化圏にメシヤを送ったのも、国家基準を越えるためです。今、国家基準を越えることができる時が来たので、再び聖酒式をするのです。このようにすることによって、楽園と地獄を撤廃して神様まで解怨《かいおん》したので「神様王権即位式」を宣布することができたのです。(二〇〇一・一・一二)

二〇〇〇年十二月三日に楽園と地獄を撤廃しました。それをどのように撤廃したのでしょうか。地獄の門をすべて開けておき、楽園の門と天国の門まですべて開けておいたのですが、そこにいる群れがふさいでいます。それをすべて祝福してあげたのです。祝福してあげたので宗教圏が撤廃され、宗教圏が撤廃されたので、その底にあった地獄圏が楽園に上がってくるのです。楽園も撤廃してなくなるので、天国と通じるという話になるのです。

ですから、文《ムン》総裁が先頭に立てば、神様が躊躇《ちゅうちょ》なく地獄でも天国でも、どこでも思いどおりに行かれるのです。縦的基準だけで行ったり来たりしていた神様が、文総裁に従って世界を思いどおりに行けるのです。思いどおりに行ける道を築いておいたので、愛が水平になります。天国の理念も地獄の理念も、水平になった天国の愛にひたる時が来たのです。水がたまって占領する時が来たというのです。そのような自由解放圏が来たので、神様までも解放しなければなりません。神様までも本然の位置に定着しなければならないのです。（三四一―二一、二〇〇〇・一二・二九）

第三節「神様王権即位式」の恩恵

(一) 祝福中心家庭の名で祈祷

今年（二〇〇一年）一月十三日のその日から、祈祷の内容が変わりました。「祝福中心家庭、誰々の名によって」、このように祈祷するのです。それをはっきりと知らなければなりません。祝福中心家庭は、堕落世界とは何の関連もありません。神様の心情世界と連結していたアダムとエバが堕落する以前の立場です。それが祝福中心家庭です。それは、神様の創造理想が完成された家庭であり、堕落していないアダム家庭を身代わりするものです。

そのような位置では、祈祷の代わりに報告を捧げるのです。完成したアダムの家庭では、祈祷する必要がなく、報告を捧げればよいのです。毎日報告を捧げながら理想世界を成していくのが、完成したアダム家庭の行く道なのです。（二〇〇一・一・一六）

㈡　天の憲法三カ条制定

これから守らなければならない鉄則とは何かというと、第一に、死んでも血筋を汚すなということです。

第二に、人事措置を間違って人権を蹂躙《じゅうりん》するなということです。男性でも女性でも、黒人でも白人でも平等です。差別したり、人権を蹂躙するなというのです。責任者たちは、自分と気が合わないからといって自分勝手に人事措置をしてはならないのです。気が合わないからといって自分勝手にすることはできません。人権を正しく指導するにおいては、ために生きる真《まこと》の愛をもって暮らす人が主流です。天地創造がそこから始まりました。その主流思想をばらばらにしてしまうことは許すことができないのです。罪の中で二番目の罪です。

第三に、公金を盗んではならず、公金を自分勝手に使ってはならないということです。以上の三つです。監獄にいる人の七〇パーセント以上がこの問題でそこにいるのです。監獄に入っていってみれば、そうです。人権を蹂躙して、血筋を汚して男女問題に引っ掛かっています。それから金銭問題、権力問題です。お金と知識と権力が怨讐《おんしゅう》だったというのです。これから祝福を受けた血統は、神様の血代であり、神様の真の愛と真の生命を受け継いだものなので、堕落世界に染まった今までの習慣的な行動によって汚してはいけません。（二〇〇一・五・八）

㈢　天宙平和統一国（天一国《てんいちこく》）宣布

私も、二千年前のイエス様のように、形容し難い迫害と苦難の八十星霜を経てきました。しかし、私は、このすべての逆境に勝利し、ついに新千年の冒頭である二〇〇一年の一月十三日に、「神様王権即位式」を神様に奉献しました。実に六千年間耐えてこられた神様の恨《ハン》を解いた歴史的事件だったのです。その基台の上に、「天一国」の開国を天上天下に宣布することができました（二〇〇一年十一月十五日）。「天一国」とは、「二人が一つになって成す世界」を意味します。まず私たちの心と体が一つにならなければならず、さらには父母と子女、夫婦、宗教と宗教、国家と国家、そして霊界と地上界が完全一体となり、唯一なる神様のもとに全天宙が一つの家族となって暮らす世界を

意味するのです。（二〇〇三・七・一三）

第四節「神様王権即位式」と後天時代

(一)「神様王権即位式」と後天時代

神様の祖国と王国が生じ、神様がつくられた一切の存在が神様の国に帰一されるので、先天時代から後天時代に変わります。変わったということをはっきりと知らなければなりません。安侍日《アンシイル》宣布後、三週目になる五月十三日は、「神様王権即位式」を行ってから四十カ月になります。一から四時間、四日、四十日、四十カ月、それから四十年、四百年、四千年、すべてが連結されるのです。ですから、サタンが関与した一番目の数は最も悪いものであり、神様は二番目に対されたというのです。逆さまになりました。一、二ではなく、二から一、三になったというのです。これをすべて立て直して完全に解放時代になるのです。解放時代は飛んでいくのです。飛んでいって神様のみ座に行きます。今、四十数となって飛んでいくことによって、初めて神様のみ座と直結されるのです。堕落することによって逆さまになったすべての万物が一つになり、時間と日と年と世紀と千世、万世が、すべて神様が蕩滅《とうげん》された勝利の数である十勝数として勝利したので、今からは、神様の王権のみ座と直結されるのです。それで、先天時代から後天時代が始まり、すべてのものが解放時代、完成時代に越えていきます。神様の所有圏内に入っていくというのです。(二〇〇四・五・五)

私は、二〇〇一年に「神様王権即位式」を神様に奉献し、二〇〇四年には、神の祖国と平和王国時代とともに「後天時代」を宣布しました。先天時代は、対立、闘争、相克、不和の時代でしたが、後天時代は、調和、協力、相応、和解、平和、統一の時代です。先天時代には、葛藤《かっとう》を助長し、分裂を起こして支配しましたが、後天時代には、このようなことは許されません。和解と調和、平和、統一を志向する個人、集団、社会、国家が中心となって主導していく環境圏になるのです。(二〇〇五・二・一四)

サタンの支配圏にあった先天時代が終わり、平和王国が建てられる後天時代が到来しました。六千年間苦労してこられた神様の恨《ハン》が解かれ、平和に向かう人類の願いが成される最高の時です。この地に来て、み旨を成すことができずに逝かれたイエス様の願いが成就される時です。それだけでなく、人間創造以後、初めて真《まこと》の愛が花を咲かせて実を結ぶ時であり、万物からも歓迎と尊敬と栄光を受けられる時です。神様もこの日をどれほど待ち望んでこられたでしょうか。罪悪が消え、光明な太陽が昇ってくる新天新地を迎える日、すべての万物が和合し、万象が踊る勝利の新しい朝、新しい時代を迎える日です。（二〇〇五・八・二〇）

今、皆さんは後天時代を生きています。後天時代は、皆さんの精誠と汗が実を結ぶ時です。霊界の四大聖賢はもちろん、数千億の善なる先祖たちが地上界に再臨して、子孫の摂理歴史に同参しています。不安と恐怖と混沌《こんとん》の世界から脱出し、真の父母様の教えに従い、この地上に平和王国を創建しなければならない時なのです。（二〇〇五・七・二九）

㈡「神様王権即位式」による天運到来

皆様、私たちが離れた家族を慕うのは、そこにために生きる愛があるからです。父母の愛、兄、姉と弟の愛、妻子と親戚の愛が一つ一つ宿っている所です。このすべての関係と因縁が、ために生きる愛によって結ばれていて、そのすべてを抱きたいと思う温かい所です。そこに解放された自らとして堂々と現れ、山川草木を抱き、一家、親戚《しんせき》を愛しながら歓喜の歌を歌いたいというのが、家族を離れた旅人の郷愁であり希望でしょう。故郷から追い出され、本郷の心情の根を失ってしまい、家族に会いたいと思っても行くことができなかった、永遠の孤独の敗亡者として一人で流浪しながら生き、地獄にしか行けなかった身の上が、正に堕落の末裔《まつえい》である人類だったというのです。

しかし、人類は今、後天開闢《かいびゃく》時代を迎え、このような足かせの沼から解放され、夢にも忘れることができなかった故郷を訪れて、家族に出会える道が開かれました。人類にとって、これより大きな祝福の日がまたとあるでしょうか。アダムとエバが堕落によって失ってしまった本然の家庭を、私たちが再び探し立て得る天運の時が到来したというのです。（二〇〇六・二・三）

すべての条件を立てて、二〇〇一年一月十三日に韓国で「神様王権即位式」を挙行しお捧げしました。全体の摂理歴史の中で最大慶事の日でした。神様が初めて解放を受けた心情で、真《まこと》の愛の全権、全能の役事を始められるようになったのです。今から天と地の人類は、感謝にも、解放を受けられた神様に侍ることができる新しい時代を迎えました。これからは、神様が生きていらっしゃることが簡単に証《あか》され、霊界から超能力的な役事が私たちの周辺でたくさん起きるようになるでしょう。（三四三―一九八、二〇〇一・一・二九）

「神様王権即位式」以降、地獄にも光が照らされ始め、神様の愛の光が照らされてくることによって、自分自身の位置や自分の罪が分かるのです。自分がどのような罪を犯したのか、そのようなことを悟ることにより、悔い改めることができる時になったというのです。生命の源泉が光なので、その光によって、生命の根を中心として栄養素を補給し、培養できるすべての元素が補給されるので、復活できるのです。その光に従って上がっていくことができるというのです。（三五六―二九〇、二〇〇一・一〇・二一）

第五節 「神様王権即位式」と祝福中心家庭

祝福中心家庭である私の家庭において、歴史時代の先祖アダムから数千代の先祖たちのすべてのものを私自身が蕩減《とうげん》し、再び立てるための新しい先祖になるのです。その先祖は、神様の救援が必要なく、メシヤの救援が必要なく、真《まこと》の父母の救援が必要なく、そのまま暮らせばよいのです。宗教圏を越えるのです。宗教圏を越え、サタン世界の国家圏を越え、サタン世界の国連圏を越えるのです。自分が神様の代身であり、自分がイエス様の代身であり、自分が真の父母の代身です。それが祝福中心家庭です。堕落していないアダムとエバとして、本然の神様の愛と生命と血筋が縦横に連結され、千年、万年解放的自由、地上と天上、天地の価値を私から再び編成し、未来世界の子孫にまで連結させるための立場に立った先祖だというのです。(三五〇―三〇九、二〇〇一・八・一九)

最も重要なことは、祝福家庭として天の王権を守り得る皆さんにならなければならないということです。祝福中心家庭は、神様の王権を守るべき重大な責任があるというの

です。二度と堕落する因縁を繰り返してはいけません。それを知らなければなりません。（二〇〇一・一・一二）

皆さんが何よりも先にもつべきコンセプトは、絶対的な神様の主権です。一番目のコンセプトが神様の主権だというのです。その主権が個人、家庭、氏族、民族、国家、世界に連結されなければなりません。すべての被造万物も、そのような完成したアダム家庭に連結されたいと思うのです。そのようなコンセプトを皆さんがもたなければなりません。最も誇るべきものが神様の主権なのです。（二〇〇一・一・一二）

祝福家庭が常に誇るべきものは「神様王権即位式」です。これが一番の標的であり、絶対標的です。神様の主権を賛美し、主権を誇り、主権のためにすべてのものを投入しようという、このような決意をしなければなりません。どのようにして神様の王権を保護し拡張するか、これが絶対、唯一、不変、永遠に記憶すべきことです。祝福家庭を中心として、一生の間これを保護しなければなりません。それ以外のすべてのものは否定しなければなりません。センターは一つしかありません。ほかのものはすべてなくさな

ければならないというのです。(二〇〇一・一・二二)

「神様王権即位式」は誰のためにしたのでしょうか。「私」のためにしたのです。「私」のためにした「神様王権即位式」がどれほど貴いでしょうか。ですから、先生よりももっと貴く思い、記憶して守っていかなければならないことを忘れてはいけません。(三五二—三二五、二〇〇一・九・一)

「神様王権即位式」は、皆さん自身がしたものとして自覚しなければなりません。それはほかの人のものではありません。自分がこの世の中に来て、「神様王権即位式」のなかった真っ暗な世界で、神様を中心とする解放的な王権即位式をしてあげることによって、この天地が明るくなり始めたと考えなければなりません。その日が朝から始まり、一年になり、一時代、一世紀、永遠の世界に連結されると考えなければならないというのです。

即位式は、過ぎていく人たちの話ではありません。皆さんがどのような犠牲を払ってでも、皆さん自身のものとして即位式をなしたその上に、主人の位置に立たなければ、王権即位式によって解放された地上・天上天国は、皆さんと関係がないという事実を知らなければなりません。（三五四―二三三、二〇〇一・九・二九）

第三章　国境線撤廃と世界平準化による
平和理想世界王国実現

第一節　交叉《こうさ》結婚と国境線撤廃

(一)　家庭は幸福と平和の基台

東西の冷戦が終わり、科学技術が日増しに発展し、全世界が一つの共同体になれば、二十一世紀の人類は、何の問題もなくまっすぐに平和と幸福を謳歌《おうか》するようになるのでしょうか。とんでもないことです。冷戦時代よりももっと根源的で危険な問題が二十一世紀の人類社会を脅かすようになるでしょう。その世界で人類を苦しめる最も大きな問題は、私が洞察したところによれば、正に家庭の価値を破壊する不倫と退廃の問題です。道徳的退廃こそ、人類を苦痛と絶望のどん底に陥れる原罪なのです。

未来の世界は、家庭の純潔を保存し、家庭の価値を守護する道徳律が定着するか否かによって、天国と地獄の岐路に置かれるようになるでしょう。世界各国が共に悩む青少年の退廃と、絶えず起こる麻薬犯罪、増加する家庭破壊と離婚、エイズの猛威、性犯罪などを政治権力で解決することができるでしょうか。現在の学校教育や宗教的教えでも解決できずにいるのです。

すべての家庭の悩みが解決できない社会が、経済的に豊かになって何をし、政治的に自由になって何をするのでしょうか。人類は今、家庭の価値を守護し高揚できる教えと、その方法を探し出さなければならない時に来たのです。（二八八―一三九、一九九七・一一・二六）

今日、全世界にわたって、家庭が変わりつつあり、伝統的な家庭は様々な面から挑戦を受けています。産業化、現代化が加速するにつれて、人類の価値観が崩壊し、倫理道徳の基準が揺さぶられています。さらには、個人主義、快楽主義、拝金主義などによって人間性が抹殺され、フリーセックスと不倫がますます助長し、家庭が破綻《はたん》していま す。

これは、どれほど不幸な風潮でしょうか。このまま放置すれば、人類は、未来に希望をもつことができなくなります。いくら社会的条件が変わっても、父母と子女の関係の重要性は揺るがすことができず、家庭の貴重性も、やはり変わりません。真《まこと》の愛は人間の幸福と喜びの源泉であり、家庭はその幸福と平和の基台になるのです。（二七一―八〇、

一九九五・八・二三）

人は、父母を通して大きな影響を受けます。個人の性格と人格形成に最も大きな影響を及ぼすのは家庭です。家庭は、人生において最も重要な愛の学校です。子女たちは、家庭圏において父母だけができる愛の教育、情緒教育を通して、心情の深さと幅を育てます。これが子女の人格をつくる礎石になるのです。また家庭は、子女に美徳と規範を教育する学校です。人は、このような情緒教育と規範教育を受けた基台の上に、知識教育、体育、技術教育を受けなければならないというのが天道です。（二七一―八〇、一九九五・八・二二）

(二)　祝福結婚と平和世界

神様の真の愛は、人間の幸福と喜びの源泉であり、人間はこの真の愛を体恤《たいじゅつ》することによって完成するようになっています。愛は、経験と生活を通して体得することができるのですが、人間の成長期間は、正に愛を段階的に体得する貴重な期間です。

人間は、その成長期間を通して神様の愛を体得するのですが、最初は子女の心情、二番目は兄弟の心情、三番目は夫婦の心情、四番目は父母の心情、このように四段階で体得するのです。神様の愛が結実する最小単位が家庭です。したがって、家庭は、人間の幸福と理想と生命の基台となるのです。私が生涯を通して家庭の貴重性を教育し、理想家庭のための祝福行事を世界的に主導してきた理由も、ここに由来しています。（二七一―七四、一九九五・八・二二）

心情文化世界を創建するために、私たちは、真《まこと》の愛、真の父母思想の教育を通して人格を育成し、神様の祝福のもとで真の愛の家庭を築く運動を、より一層広げていかなければなりません。生活信仰の鍛錬を通して、ために生きて投入し、また投入する、真の愛の人格がつくられてこそ、理想的な夫婦、理想的な家庭が成されるのです。この道こそが、極端な利己主義、個人主義、物質主義の惰性から抜け出し、人類に明るい未来を期待できる道です。この道こそが、不倫と青少年の堕落、家庭破綻《はたん》を防ぐ道です。国際合同祝福結婚を通じた真の愛の家庭運動によってのみ、民族と人種間の紛争を根本的に解消することができるというのです。（二六〇―一二九、一九九四・五・一）

祝福儀式に同参する人は、理想家庭を築くことを既に神様に誓約し、不変の愛を祝福によって許諾された人たちです。神様の真の愛を中心に真の夫婦となり、父母となって真の家庭を築く人たちです。祝福行事は、一教団の結婚儀式だけではなく、病んだ人類を生かし、愛の秩序を回復させ、家庭の危機を救う救世の儀式なのです。統一教会でこの祝福行事のモットーを「理想家庭を通じた世界平和」に定めた理由もここにあるのです。（二七一―八一、一九九五・八・二二）

㈢　交叉《こうさ》結婚による国境線撤廃

私たちがこの世界にあるすべての国境線を撤廃すれば、平和の世界は自動的に訪れるようになるのです。そこで私たちが記憶しなければならないことは、この世界に現存する国境線の主人が果たして誰なのかということです。神様ではないのは明らかです。国境をつくり始めた張本人は、ほかでもない、正に悪魔サタンなのです。したがって、国境線があるところには、必ず悪魔と悪魔の実体が潜んでいるということを知らなければなりません。このような結果は、人間始祖の堕落によって善悪の分岐点となる血統が入れ替わってしまったからです。（二〇〇三・一〇・三）

神様が創造された世界に国境があるはずがありません。白黒の人種問題は起きません。そこでは、善悪の闘争も必要ないはずです。このような観点から見るとき、私たちが暮らす世界には、国ごとに国境があります。白黒の人種問題だけでなく、家庭において夫と妻、父母と子女の間ですべて分裂が起きています。善人と悪人が闘っているのです。このような現情勢について考えてみるとき、来られる主は、国境のない国をつくり、人種問題を超越して世界を一つにしなければなりません。分裂した家庭をすべて統一しなければならず、善悪が闘っているこの世界に平和の王国をつくらなければなりません。（五三―七一、一九七二・二・九）

神様が願われた善の世界は、統一の世界です。すなわち、全人類が一つの大家庭を成して暮らす一つの世界なのです。そのような世界に、どうして国境が存在できるでしょうか。国境がない世界なので、怨讐《おんしゅう》もあり得ません。それは、怨讐という言葉の中に国境が内在しているからです。

怨讐を愛して一つになれば、国境が崩れていくのです。それゆえに、神様の戦略戦術は、常に「怨讐を愛しなさい」というものです。「怨讐を愛しなさい」というみ言《ことば》ほど偉大な戦略はなく、また、これほど偉大な戦術はあり得ません。このような素晴らしい内容を、今日まで人類は、歴史的に知らずに生きてきたのであり、今生きている人たちも知らずにいるというのです。(二〇〇三・一〇・三)

統一教会は今、日本人とアメリカ人が怨讐関係であり、ドイツ人とも怨讐関係ですが、怨讐同士で結婚しています。怨讐を自国の国民よりも愛する、そのような道をたどっていくことは、その怨讐の国の人と国際結婚することです。韓国と日本と交叉《こうさ》結婚するのです。交叉結婚によって完全に怨讐がなくなります。生活や文化世界の背後が少し異なるので、最初はぶつかります。それは当然なければなりません。それに耐え、それを消化していける力が強い愛の力になるのです。同じ民族同士で結婚するよりも、異民族間で結婚し、消化していく強い忍耐力が強い愛の力になるのです。その強い愛の夫婦の間には、強い正義感をもった子供が生まれます。これも論理的です。(二五六—六三、一九九

四・三・一二）

一つになるにおいては、結婚以上に早い道はありません。国境を中心としてすべて怨《おん》讐《しゅう》になっています。それで、私が日本と韓国の交叉《こうさ》結婚をさせたのです。それでも反対する統一教会員はいませんでした。「先生がこのような結婚をさせたのは間違っている」とデモをしながら追い出そうとする人はいないのです。理論に合っています。なぜですか。怨讐同士で結婚させること以上に平和に向かう直短距離はないからです。（二四九―二五六、一九九三・一〇・一〇）

渡り鳥がなぜ海を渡り、山を越え、国境を越えていくのか、考えてみたことがありますか。北極にいる鳥がなぜ南極まで行くようになっているのでしょうか。子孫のためです。何も知らない自然の万物たちがそのようにしているのですから、万物の霊長である人間は、渡り鳥よりもはるかに立派な立場でそれをしなければならないではないでしょうか。未来に残る子孫をつくるために国際結婚をするのです。（一九〇―一五二、一九八九・六・一九）

国境を越えて極と極が一つになり、理想的家庭形態を定着させるのが神様の願いであり、真《まこと》の父母の苦労と功の定着地であり、父母様が立ち得る足場となるのです。揺るがないそのような家庭、地の果てと地の果て、怨讐と怨讐の立場で結ばれた家庭が誇らしい家庭だということを知らなければなりません。（二九六―九六、一九九八・一一・三）

第二節　国連更新と「天宙平和連合」の創設

(一)　国連の摂理的背景と現状

第二次大戦後、一九六〇年代に、父母様の聖婚式とともに、その時期に万国が平等な兄弟圏に立つようになったというのです。それで、戦争で勝利した国家が敗戦国を独立させ、同じ兄弟圏に立ちました。ですから、国連ができるようになったのです。全世界の政治圏がアメリカを中心として一つになったというのです。(二五六―二二三、一九九四・三・一四)

第二次大戦後に、戦勝国が敗戦国を独立させるという現象が起きました。これは、世界が兄弟主義圏内に入ってきたということを意味します。神側の主義が現れるための最も近いところまで行けば、一人の神様の前で二人の兄弟が闘うのです。歴史の終末時代において、統一的基盤であるアメリカのキリスト教文化圏を中心として、アメリカが主体になってそれ以外の世界をすべて審判してしまうのではなく、敗戦国を独立させたという事実は、神様のみ旨の中で捨てられた息子、娘、すなわち放蕩者《ほうとう》を収拾できる天の摂理時代に入ってきたことを意味しているのです。（二二三―一〇、一九九一・一一・一三）

人々は、様々な面で絶えず平和と幸福を追求してきましたが、満足する成果を上げることができませんでした。第一次、第二次世界大戦が終わり、戦争を防止するために結成された国際連盟と国際連合の二大機構が展開してきた世界的な活動でも、平和世界は来ませんでした。宗教団体の努力でも、幸福な世界は実現されませんでした。国際共産主義の理想とファシズムの夢でも、理想世界の実現は失敗しました。高度の技術でも、政治的な努力でも、人類に平和と幸福をもたらすことはできなかったのです。（二七一―七三、一九九五・八・二二）

なぜ国連ができたのでしょうか。来られる主を迎えて本然の天国に戻っていくためのこの時代において、ローマ時代を蕩減《とうげん》するためでした。ですから、この時にキリスト教文化圏が主を迎えて一つになっていたならば、共産主義は出てこなかったでしょう。既に四十年前にアメリカを中心として世界は一つになり、最近見るようなアメリカの青年たちが麻薬の亡霊になるのではなく、天の国の精兵となって世界を治めることができていたはずですが、時を失ってしまったために、このような悲惨な現象が起きるのです。

（一八九―二一〇、一九八九・四・六）

アメリカを二度の世界大戦で勝利に導かれたのは神様であり、またアメリカをして世界国家型の国連を編成させたのも神様のみ旨でした。神様のみ旨から見れば、本来国連は、キリスト教精神を中心とする世界の国々が結束する本営となるべきものでした。共産主義の国家を含む国連は、絶対に神様のみ旨ではなかったのです。今日の国連は、その本然の機能を喪失したまま、共産国家の宣伝舞台になっています。それだけでしょうか。アメリカには、様々な尋常でないことが日ごとに増えつつあります。黒人と白人の人種問題が正にそれであり、若者たちを腐らせる麻薬問題がそれです。青少年の淪落《りんらく》と家庭破綻《はたん》、そして日ごとに激増する暴力犯罪など、そのどれ一つとして深刻でないものがありません。その中で、浸透して入ってくる共産主義の問題は、最も致命的な打撃です。極端な個人的人生観と価値観によって肉的快楽に走るアメリカの現代社会がこのま

まいけば、間違いなく神様は離れていかれるでしょう。(一〇〇―二四八、一九七八・一〇・一九)

(二) 世界平準化とアベル国連

家庭モデル世界化時代に入ってくるので、その次に平準化時代になるのです。生活平準化と平和というものは経済問題です。ですから、今後、国連が経済問題をよく管理しなければ、人類は滅亡するというのです。闘争概念を中心とする、あるいは優劣を中心とする先後関係の指導体制があってはいけないのです。愛を中心として相対的関係でいかなければなりません。

ですから、アメリカにある経済的なもの、政治圏内にあるものは、すべてアメリカのためのものではありません。世界のためのものであり、宇宙のためのものです。その標準を中心として、家庭理想と世界が一つになるためのその体制を中心として、平準化運動をしなければなりません。豊かに暮らす人は下りてきて、貧しく暮らす人は上がっていってこそ、平準化されるのです。今世界は、一つにならなければならないようになっています。

霊界の組織がそのようになっているというのです。霊界の組織は何かというと、生活を中心としてすべて系列になっているのであって、政治というものはありません。神様の直属の愛を中心とする家庭理想を拡大した世界なのです。政治の方向は行ったり来たりし、闘争概念があって、強力に軍事拡大したり、政治的目的のために手段、方法を問わないのですが、そのようなものはないというのです。経済平準化運動を中心として、どのように豊かに暮らすかということが問題です。ですから、地上もそのようにならなければなりません。(三〇三―一九二、一九九九・八・二五)

先生は、一九八〇年代から科学技術の平準化を叫んでいます。世界において問題の男です。先進国は、科学の力で後進国を搾取してきました。ヨーロッパは、アフリカを中心に原料を補給するために、男性たちには教育もしません。若い女性たちは教育して妾《めかけ》にします。農作業の方法も教えてあげません。無知であればあるほど、長くアフリカを利用し、ヨーロッパの自分たちはお金持ちになるというのです。それはいけません。科学技術は世界のものであって、特定の国家のものではないのです。天が下さった科学者です。日本なら日本の科学技術、電子産業も、日本のものではありません。それを自分のものだと思えば大変な錯覚です。(二五七―二一、一九九四・三・一三)

先進国が先端技術を独占し、発展途上国に分配しないことは大きな罪だと言わざるを得ません。国家の間で良いものがあれば、早く分かち合わなければなりません。新しいものを発見すれば、すぐにその恵沢をお互いが共に分かち合わなければならないのです。人類にプラスとなることならば、ためらわずに国境を越えてこれを実践しなければなりません。(二一九―一二〇、一九九一・八・二八)

今まで神様が万民の平和の武器として下さった科学技術を、特定の一国が使用して世界をむさぼり、幸福になることを神様は許されません。万民の幸福のために人間に下さったものが科学技術だというのです。特定の民族だけがその恵沢を享受し、平和を無視した武器とし使用することはできません。そのような観点から、先生は技術の平準化を言うのです。(一九〇―一七七、一九八九・六・一九)

無慈悲な植民地政策で弱小国を搾取していた時代は過ぎていきました。今では弱肉強食は、旧時代の残骸《ざんがい》となったのです。超強大国が武力競争で世界を恐怖の中に追い込んだ時代は過ぎたのです。今から人類は、核兵器の恐怖から解放されなければなりません。今は正に聖書でいう、「つるぎを打ちかえして、すきとし、そのやりを打ちかえして、かまとする」（イザヤ書第二章四節）時なのです。

相互信頼と道義の時代が明けてきています。すべての国連加盟国は、今から相互に尊敬と愛をもち、私たち人類の共通の敵に宣戦布告をしなければなりません。私たち人類の共通の敵は、貧困と無知と疾病と罪悪です。今、人類が貧困と無知と疾病と罪悪から解放されなければならない時が来ました。（二一九―一二〇、一九九一・八・二八）

今の国連は、体的なもので、精神的なものがありません。今から精神的なものをつくらなければならないというのです。国連に良心を中心とした、宗教圏を中心とした大使を立てて、すべてを立て直さなければならないというのです。私たちがアベル国連をつくらなければなりません。神様を中心とした圏を、神様の愛の世界を、愛の主権世界をつくろうというのです。それは、宗教圏が願うことであり、私たちの心の世界の愛を中

心とした本然の道なので、万民がここに和合できるのです。（二九七―八二、一九九八・一一・一五）

体を代表する国連機構の前に、一つの心的代表として世界平和を指導できるアベル国連をつくるのです。第一次大戦後の国際連盟と第二次大戦後の国際連合が平和を模索してきましたが、みな失敗しました。なぜですか。先進国家を代表する為政者が先導的立場に立つようになるので、体が心を動かすそのような立場に立ったというのです。私が提唱するアベル国連は、宗教指導者が先頭に立つのです。これは、何千年の歴史をもっています。この世界的宗教指導者が一つになって政治世界をコントロールしなければなりません。心が体をコントロールするようにするのです。それを収拾しようというのです。外的な政治世界に相対的平和基準を設定するために、レバレンド・ムーンが提唱したのがアベル国連です。（二〇九―二五九、一九九〇・一一・三〇）

㈢「天宙平和連合」

１　「天宙平和連合」とは

「天宙」という言葉は、統一教会の人たちしか知りません。一般の人たちは、「天宙」の意味に対して知らないではないですか。「天宙」とは、天の国と地上世界、霊界と地上世界を合わせたものを意味します。見える世界と見えない世界、無形実体世界と有形実体世界をすべて網羅しています。（一九五―一三二、一九八九・一二・一）

私たち統一教会で使う言葉の中に「天宙」という言葉があります。これは歴史にない言葉です。「天宙」という言葉の「宙」は「家」という意味です。「宀（うかんむり）」は平安であることを象徴し、「由」は「自由」を象徴します。そして、「天」は二人の人を象徴する言葉です。このように、全体的な意味としては「宇宙の家」、「全体の家」という意味になるのです。（二四七―一四七、一九九三・五・二）

心と体が闘うところには平和はあり得ません。「平和」という言葉は、平坦《へいたん》に和合して二人が一つになることを意味するのです。（二五二―三〇四、一九九三・一一・五）

「平和」というのは、平坦《へいたん》の「平」の字に和合の「和」の字です。ですから、水平になって和合してこそ平和が来るというのです。国家と国家が水平を成してこそ、世界平和を成すことができるのです。(二四二―一六、一九九二・一二・二七)

「連合」というのは組織体を意味します。一人だけでは駄目だというのです。ここに三百人近く集まっていますが、自分なりにそれぞれ主張が異なります。女性もいて男性もいるのですが、女性の主張が異なり、男性の主張が異なるのです。また、この社会を見ても、様々な制度と様々な分課があり、方向がみなそれぞれ異なっています。しかし、一つの大きな目的を成就しようというときは、一人ではできません。必ず組織体が必要なのです。(一四〇―二一一、一九八六・二・一二)

氏族社会から部族社会になり、いくつかの部族社会が集まって民族と国家を形成し、いくつかの国家が集まって同盟を結成します。その次には何かというと「連合」になります。「連合」というのは、ある主義や理念を一つに帰結させ、統一的な理念圏を形成

するものです。（三一―一〇四、一九五七・一〇・六）

宗教界が一つになり、政治界が一つになっても、平和は二つの方向を通しては成し遂げることができません。「連合」という一つの方向を通してこそ成し遂げることができるので、そのような環境を備えなければならないのです。（二二一―一九六、一九九一・一〇・二四）

2　「天宙平和連合」創設の趣旨

「天宙平和連合」とは、カイン世界まで吸収したアベル国連を意味するのです。アベル国連なのですが、堕落して殺されたアベルではありません。これは新アベルです。新しいアベル世界を意味するのです。カイン国連を吸収して、その上で一つになった、そのようなアベル国連です。弟が兄の位置を訪ねていき、そこに新しいアベル国連を創建したということは、一般で言う、先天時代を経て後天時代の天地開闢《かいびゃく》時代が来たということです。（二〇〇六・一・一）

天一国《てんいちこく》の上に「天宙平和連合」を創設しました。その「天宙平和連合」は、勝利の峠を越えているので、アメリカの国会と国連が反対できません。世の中の国の国会と国連を超えたところで、天一国を中心として保護できる国会の名称が「天宙平和統一連合」だというのです。(二〇〇五・一〇・三)

アダムとエバを中心として、御自身の血統を永遠に伝授する真《まこと》の家庭を立てようとされた神様の創造理想は、第一代で挫折《ざせつ》してしまいました。したがって、神様の恨《ハン》を解く唯一の道は、正にサタンの血統と関係がない真の家庭を探し立てることなのです。ですから、ここに私たち全員が神様の創造理想である真の家庭を立てなければならない理由があるのであり、「天宙平和連合」創設の根本趣旨と目的もここにあるのです。(二〇〇六・二・三)

3　平和王国軍と平和王国警察

人には、赤血球と白血球があります。これは、国家の組織における警察や軍隊と同じです。私たちの体を保護するためのものです。このように見れば、私たち統一教会の人たちはみな、天の国の警察と同じだというのです。サタン世界の攻撃を防御する赤血球、警察と同じであり、特に神学大学を出た人たちは、指導層として白血球、軍隊と同じです。赤血球と白血球がきちんと責任を果たせない人は、死んだ人と同じです。ですから、白血球は、自分自身を投入して犠牲にならなければなりません。自分の行楽を享受する部隊というのは、いかなる軍隊にもあり得ないのです。(二四三―二六五、一九九三・一・二八)

私たち自体を見れば、白血球と赤血球がありますが、白血球は軍隊と同じであり、赤血球は警察と同じです。それが必要なのです。なぜですか。私の命を保護するために必要だからです。それでは、天の国には軍隊が必要でしょうか。警察が必要でしょうか。はっきりしなければなりません。軍隊が必要でしょうか、必要ないでしょうか。必要ないとすれば、それは血液の中から白血球と赤血球を抜いてしまえということです。ですから、必要だというのです。

それでは、軍隊は天の国で何をするのですか。赤血球のような警察は内的保護をして、軍隊は外的に開拓すればどれほど素晴らしいでしょうか。国民が楽しく暮らせるようにするために、軍隊を動員して道を築き、税金も安く出すようにして若い人たちを集めるのです。それはどれほどおもしろいですか。機動性があってどれほど良いかというのです。そのようにしても不平はありません。また、国際ハイウェイを工事するときにそのようにすれば、どれほど素晴らしいでしょうか。それは、闘うためのものではなく、人類の福祉のための建設です。（一二四—二五六、一九八三・二・二〇）

今からは、万物圏、霊界と肉界でサタンが踏み歩いていたその地からサタンを追放しなければなりません。これは、神様が愛を中心として血筋を正し、兄弟愛により神様の平和軍隊が成立し、ベーリング海峡さえ終われば、平和軍と平和警察の力を動員して、今までできなかったアダム家庭の保護政策をするのです。平和警察は、赤血球と同じように体を守り、平和軍は白血球と同じように、自然界の津波や火山などに対して家庭を保護する立場に立ち、警察や国の情報部署がそれを知らせてあげて、あらかじめ防御して避け得るように内外の安全保護圏を準備しなければなりません。警備隊にならなければならないのです。（二〇〇六・一・二）

第三節　人類平和のためのプロジェクト――
ベーリング海峡プロジェクトと国際ハイウェイ

(一) 世界平準化実現の三大課題

1　資源問題

陸地のすべての資源は、短期間のうちに終わるようになります。石油問題だけを見ても、今から五十年以上はもたないというのです。また、陸地は制限されているのに、陸地の上に広がる人類はますます増加していくのです。(二〇七―二一六、一九九〇・一一・一一)

これからの資源は、すべて海底に埋まっています。地上は、既に掘るだけ掘ったので、長くはもちません。何年ももたないというのです。ですから、海底に埋まっている資源、これを発掘するのが問題です。そして、今後、ツンドラ平原にも関心をもって研究していかなければなりません。私が今関心をもっているのは、そのような未来の世界です。このままでは五十年ももちません。何十年後にその事実が目の前に迫ってくるので、それに備えなければならないのです。(二三六—二二、一九九二・一一・二)

今後、陸地の資源を必要とする時は過ぎていきます。水中資源を誰が世界的に管理するのか、そのような技術を誰がもつのかという問題がこれからの世界を左右し、海洋世界を誰が主管するのかによって、誰が世界を主管するのかが決まるのです。そのような新しい時代が来ます。無限な原料の根源が海なのです。(一二六—二〇一、一九八三・四・一九)

世界の経済圏を主管できるように準備をしています。これからは、生産者も世界を主管できません。今は資源が重要な時です。そのような時代に来たというのです。オイルショック問題を知っているでしょう? これからは、資源で世界経済に影響を与えるのです。それは分配問題です。共同分配問題です。誰が国家を越えて廉価で販売できる世界的な組織をもつかということが、今後の経済王権を握る鍵《かぎ》だというのです。(一九一—一三五、一九八九・六・二四)

これからは太平洋が問題です。すべての原資材は、太平洋の水中に保存されています。その主人が私です。強大国が島国を占領して、原子爆弾や水素爆弾が爆発して人類が滅亡するかもしれない時代が近づいているので、環太平洋時代を中心として、ここに防衛策をとるのです。遠からず地球の温度が上がって水があふれるというのです。二尺（約六十センチメートル）だけ海面が高くなっても水に入っていく国がたくさんあるのです。

危険水位に来て、今、国連環境部に「私たちの土地がないので土地を下さい、助けてください！」。このように言ってきています。十年もたてば、根こそぎなくなる国が多いのです。それが珊瑚《さんご》の島です。地球の温度が変わっただけでも、すべて溶け出します。いずれ移動しなければならないと考えているところへ、「あなた方が水に沈んでいく土地で死ぬことを防止するために、南米のこのような土地に、今以上の土地を買って生かしてあげることができます。この土地を国連に加入させるつもりですが、今、あなた方の国は、サインだけしてください」。このようにしてこの海洋圏を一つの国にするのです。十六カ国がサインしてください。（二〇〇一・一・一二）

2　環境問題

これからの一番の問題は公害問題です。飲料水問題が世界的な問題です。公害が侵害する水域に生息する魚も絶滅し、その地域に生息する動物も水を飲んで絶滅し得る危険水位を超えたというのです。ですから、今から三百年をどのように過ごすのかということが問題です。そのままほうっておけば、三百年もたたずに人類が滅びるというのです。ですから、水のある地域を占領する人が、今後の世界をリードするのです。(二九四―一七二、一九九八・六・一四)

これからは、公害問題のために農作業も勝手にやってはいけないのです。今農産物を安くすると言っていますが、そのようにしようとすれば、農作業も機械農業をしなければならないというのです。機械を使えば公害問題が伴います。今後、人間たちが最も緊急に解決すべき問題は、公害問題です。

その公害問題に誰が責任をもつのですか。責任をもつことができません。ソ連を見てください。ソ連が困って、ウラジオストク北部地域の海に、原子力廃棄物をいくらでも捨ててしまうのです。日本もそれをしてきました。アメリカもそれをしているのです。全世界がそうです。

海が汚染されることを考えていません。自己一国主義を中心として、個体の国家利益を標準としたこのような世界になれば、公的な価値問題はどうするのかというのです。空気の問題、水の問題が私たちの命に直結する最も重要な問題なのに、このようにしていれば、すべてが被害を受けます。ですから、どのみち世界は、否が応でも早急に世界的な管理体制を備えていかなければならないのです。

まず政治管理体制、経済管理体制を備えなければなりません。経済管理体制によって世界をコントロールしなければならないのです。農作業をすれば、一定の地域で暮らすようになります。五十億の人類が食べていくことができる農作業を別々にする必要はありません。大量生産できる道を模索し、五十億の人類がすべて食べていけるように農作業をコントロールして、それを地域的に分配し、共同栽培して平均的に配給してあげるようにしなければなりません。（二五三―一五、一九九四・一・一）

私たちは、社会や国家の指導者として、どのような状況でも公金を略取したり、着服したりする行為を禁じなければなりません。小さくは公的な財物や公的資産に手を出してはいけないことはもちろん、大きくは私たちの生活を可能にしてくれ、潤沢にしてくれている環境を破壊する行為を根絶しなければなりません。公金を着服して子女に与えるのは、毒薬を与えるよりも恐ろしい行為です。

そして、ここで言う環境破壊とは、自然環境の破壊による各種の環境汚染と毀損《きそん》、そして自然の枯渇はもちろん、私たちの共同生活を提供してくれる社会環境の破壊も含まれるのです。神様は、人間を創造される前に環境を先に創造されたのであり、私たちが神様のみ旨にかなうように環境を正しく治め、環境とともに楽しく暮らすことを願われたのです。したがって、私たちは、地上の草一株、空の一点の雲を見ても、天の前に感謝できる真《まこと》の人となり、様々な公害を退治するにおいて先導者的役割を果たさなければなりません。（二〇〇二・二・一五）

今からどこに帰らなければならないのでしょうか。自然に帰らなければなりません。新しい地、新しい魚、新しい作業場、新しい職場、公害のない職場、このようにならなければなりません。そうしなければ人類は滅亡します。先生は、「今から三百年をどのように過ごすか」ということを考えています。二一〇〇年、二二〇〇年をどのように過ごすのかというのです。このままでは二三〇〇年まで行くのは難しいと見ているのです。ですから、世界を早く一つの国にして、統制的計画によって都市分散をしなければなりません。（二八一―六七、一九九七・一・二）

自然保護です。環境保護です。環境を侵害する公害を防止しなければなりません。皆さん、考えてみてください。第二次大戦以後五十三年がたちますが、それから今まで公害問題が世界にどれほどの被害を与えているかというのです。この鳥類なども、昔はここで暮らし、一年か二年くらい飛び回って移動したり、渡り鳥が移動していく途中で休息のために降りる所だったのですが、今では、何かをついばんで死んでいくのです。

水が汚染しているので、餌《えさ》が汚染されているのです。五十年たっただけでこうなのに、これから三百年をどのようにして過ごしていくのかというのです。二三〇〇年をどのようにして人類が越えていくのですか。そのような危険水位が目前に来ているのです。（一九九八・八・二一）

3 食糧問題

今後の人類にとって最も困難なことが人口問題だというのですが、その人口問題は問題ではないというのです。人口問題よりも食糧問題がもっと大きな問題だということを知らなければなりません。これからのこの地球上において、食糧問題をこの陸地で解決できない時代が、遠くない将来に来ると見ています。そのような切迫した与件が私たちの前に訪れてきているので、経済の状況が発展すれば発展するほど、世界の歴史が前進すれば前進するほど、私たちの生活の窮乏は、だんだんと加重されるのです。（一〇九―八八、一九八〇・一〇・二六）

現在も地球上には、一年間に二千万人という人が飢餓で死んでいっています。一日に六万人という人が死んでいっているのです。一日に六万人です。この人類の悲惨な真相に責任をもつ国がどこにありますか。責任をもつ国がなければ、責任をもつ民族や責任をもつ人がどこにいますか。そのような問題を、今まで人類は考えていなかったのです。

（二〇〇七―一二・六、一九九〇・一一・一二）

陸地と海上を占領しようとすれば、人と魚を占領しなければなりません。人と魚を占領して何をするのでしょうか。今後、人類には平和時代が来ます。そして、これからの人類にとって食糧問題は、非常に重要な問題となるでしょう。陸地の生産だけでは人類の食糧問題と平和的生活基盤を築ける与件を備えることはできません。陸地自体では、長期間食糧を補給することはできないのです。ですから、海上を中心として魚の資源で補強してあげなければなりません。（二〇〇七―一二・六、一九九〇・一一・一二）

アフリカの女性たちは、赤ん坊が死んでいくのを見ています。その母親たちは、そのようなことに直面しているのです。それを解放してあげなければならないというのです。食べる物がない所は、交通が連結されていないからです。それを連結しようと考えています。全世界の港に私たちの船を造っておき、その次に道路を築いて流通構造をつくっておかなければならないというのです。

皆さん、そのように座ったまま死にますか。船を買い、釣りも学び、アフリカに行って教えてあげようと考え、ハンティングもして動物を捕まえ、助けてあげるようにしなさいというのです。皆さんが魚の捕まえ方も教えてあげ、狩りのやり方も問題なく教えてあげることができるというのです。そのような努力をすれば、息子、娘を育てるのに問題がありません。一人の女性がそれを始めれば、周囲の女性たちが同じようにするのです。そうすれば、息子、娘たちを飢餓から解放できるのです。これは女性の責任です。母親の責任なのです。それで、先生が全世界の女性たちの組織をつくったのです。ですから、私たちは、どの村でも連結することができるのです。どこでも母親たちを連結できるというのです。(二五九―三三一、一九九四・四・二四)

(二) 三大課題克服の解決方策――アラスカ・シベリア開発

これからの世界を指導できる人は、海を守ることができる人です。海底の宝、財宝を、人類が今後の自分たちのすべての権力と文化的背景、伝統と国力を投入して開発する時代が来るのです。ですから、海洋地域を誰が先に占領するかという問題が鍵《かぎ》です。このような問題において、統一教会の教主として、あるいは真《まこと》の父母の名をもった歴史的な責任者として、今後、統一教会がとどまる基地としてどのような所を残してあげるのでしょうか。都心地ではありません。海辺です。

今後、海水を中心として、陸地を開発できる水産事業、養殖事業は無限です。パイプを数千里通して海水を移動できる時代が来ます。それは、何の難しい問題もありません。アラスカからアメリカの本土まで、数千マイルを送油管を通して石油を運ぶのと同じです。そのような時代が来たというのです。今日、陸地で農場や牧場のようなものをするのとは、比較にもなりません。百坪ほどの場所でも、養殖をすれば、数万坪の牧場に対抗できる時代に入っていきます。

あえて誰も考えない、このようなことをするのです。みな水産事業から手を引きました。しかし、私は、たくさんのお金を宙に飛ばしてしまいながらも、これから世界がどのように回っていくのかを知っているので、困難でもそれを継続していくのです。(二二〇―一一、一九九一・一〇・一三)

今後の燃料問題を見てみれば、油類燃料や石炭燃料、電気燃料を中心とする協助時代は過ぎていきます。電気も限界があるのです。今からエネルギーの補給所は、海しかあ

りません。水素を開発する道しかないというのです。（九四―一三〇、一九七七・七・三〇）

これからは、食糧は科学的に無尽蔵に作ることができます。なぜ今、それができないかというと、原価がたくさんかかるからです。燃料費がたくさんかかるというのです。今後、水素エネルギーを解決すれば、エネルギーは無尽蔵です。エネルギーがあまりにも多くて持て余すのです。ですから、食べる物も持て余すほどつくることができます。（一四一―一二三、一九八六・二・二二）

どうしてアラスカを重要視したのでしょうか。アラスカは、アメリカの一つの州ですが、面積においてはアメリカの五分の一にもなります。ところが、アメリカの人たちは、アラスカに一つも関心をもちません。アメリカの国民の中にアラスカに行って死のうという人はいません。アラスカは熊や鹿が棲《す》む所であって、人が暮らせる所ではないと思っているのです。しかし、アラスカには膨大な資源があります。今後、このアラスカを連結するカナダの北方地帯とソ連の北方地帯のツンドラ地域を中心として、膨大なこのツンドラ地域を誰が開発するのかという問題が、世界を指導できる鍵《かぎ》になるということを誰も知りません。

これは、今後、科学力さえもてば、いくらでも開発できるのです。そのような時代が訪れてくる時を迎えて、それを準備できる教団、宗主となり、世界人類を代表した立場で関心をもって団結すれば、希望の世界がそこに芽生え始めるのです。そのようなことを知っているので、それをするのです。人知れずアラスカに多くの投資をしてきましたが、すべて流れていってしまいます。それは私も知っています。赤字を出しながらも、今まで数億のお金を投入してきました。それをあざ笑う人もいます。しかし、あざ笑うのは一時ですが、歴史は長いのです。歴史の勝利者になろうとすれば、数百年、数千年を経て初めて実を結ぶのです。(二二〇—一三、一九九一・一〇・一三)

今後、シベリアのツンドラ地域やアメリカの平原地帯を開発するためには、アラスカを開発しなければなりません。これからは、北極世界、氷に覆われたその世界を先に占領する者が世界を指導できるというのです。海とその二つを占領する人が世界を指導するというのです。ですから、私が水産事業を始めたのであり、北極に対して関心をもつのです。(二二一九—一九六、一九九一・八・二九)

アラスカは、ソ連でもなくアメリカでもありません。アメリカの人たちもアラスカをよく知りません。これからは、ツンドラ平原時代が来るのです。北極とカナダ地域とソ連地域、その時代が来るというのです。その時代に誰が主役になるのか、これが問題なのです。

そのような面から見るとき、アラスカは、海を中心としてすべてのものが連結しています。海のすべての資源、魚類と原材料が集中している所がアラスカです。世界の水産資源の中の八〇パーセントがアメリカにあるのですが、アメリカの水産資源の七一パーセントに相当する魚がアラスカにいるのです。アラスカは水産資源の中心です。そして、残された資源を獲得できる地は、このツンドラ平原しかありません。

アラスカから飛行機で行けば、モスクワは八時間かかり、ロンドンは六時間かかり、ニューヨークは十時間かかります。ですから、ここは交通の要地になり得る所でもあります。今後、人間の力でアラスカの平原に農作物を育成するのは問題ないというのです。それが可能な時代が来ます。食べて生きていくことができるすべての産物がアラスカでできるようになれば、どのようになるか考えてみてください。アラスカは韓国の何倍にもなるのです。カリフォルニアの四倍だというのですが、カリフォルニアはアメリカで一番大きな州なので、それくらい膨大な地域だというのです。そこには無尽蔵の原材料が埋まっています。そこの主人は、ソ連でもなくアメリカでもありません。誰も関心がないのです。自分たちの経済問題、政治問題、体制問題でめちゃくちゃになり、原材料の消耗ということは考えてもいません。これからは、原材料を誰が主管するのかということが問題です。先生がそれを準備しているのです。（二三六―二二、一九九二・一一・二）

アラスカのこの資源を、どのように活用するのかということを考えるのです。誰もがここに関心をもたなければなりません。ここはツンドラ地域です。コディアックを中心として、シベリアとカナダがすべてツンドラ地域だというのです。このような気候がだんだんと変わっていくので、二十年、三十年後には、大勢の人々が暮らすことができる地域になるのです。そのような意味で、このコディアックという地域は、未来においても重要な地域です。

また、交通の関係から見ても、これは一つの要塞《ようさい》です。重要な要地になっているというのです。ロンドンに行っても、東京に行っても、どこに行っても同じ距離です。それで、アンカレジが交通の基地になっているのです。ですから、今後ロシアを開発し、シベリアを開発し、カナダも寒い地域を開発できる中心地と見るのです。二十年、三十年後に気温が四度、五度以上高くなれば、すべて農作業ができる土地だというのです。ですから、大勢の人を受け入れることができる所です。（二九五―一一三、一九九八・八・一八）

(三) 人類平和のためのプロジェクト――ベーリング海峡プロジェクトと国際ハイウェイ

1 国際ハイウェイ構想

私はこの場で「人類は一つの家族、一つの兄弟」という大命題のもと、このような理想を実践に移す一環として、東西諸国を連結するインターナショナル・ハイウェイの建設を提案する次第です。

日本と韓国と中国大陸を経て南アジア、中東、ヨーロッパを経由し、ソ連まで連結することを一次案として始め、全世界の国家と、国家間の陸地と海底を一直線に貫通させるのです。そして、ハイウェイの中央部には、ニューマティック・チューブ・システム（pneumatic tube system、六百km/h）を設置して貨物輸送を担当させ、大都市ではエア・ポートも兼ねる一方、インター・チェンジの一端には出入国管理事務所を置いて、ノービザ（no visa）で簡単で迅速な出入国制度を実施するのです。ハイウェイの左右両側には、各々一キロ以上の中立緩衝地帯を設置して国境を超越した地帯として設定し、超高速乗用車（二百五十km/h））、および観光バス利用者のための休養地を造成して、「超高速化」による一つの世界をつくる地上天国案を提唱する次第です。

このような試案は、将来の理想世界を一日でも早く、短縮して実現しようとする具体的な法案の一部であり、科学者たちもまた、これを通じて全人類の幸福と世界の平和のために貢献することにより、世界を一日生活圏として結び新しい文化世界を創建するところにその意義と目的があります。

これにより、将来の世界は、新しい国際経済機構および秩序の誕生で飛躍的な経済発展が可能となり、人類は豊かな経済生活による時間的余裕をレジャーに利用することができます。これを通して人類は、大自然を利用し、学び、その中で神様に感謝し、人種と国籍を超越してお互いに愛し、「ため」に生き、真《まこと》の人生を楽しむ理想世界が必ず来るだろうと私は確信しています。

このような世界こそ、神様が願われている世界であり、「統一原理」の理念と一致した世界であり、人類が念願する理想世界なのです。（一一五―一七七、一九八一・一一・一〇）

高速道路を造ろう、日韓トンネルを造ろうというのです。東京からロンドンを通って、モスクワを通って、モスクワからカナダまで通すのです。ベーリング海峡を経ていけば、それほど遠くありません。すぐです。カナダの北方から南米まで、ワシントンを経て、ニューヨークを経て南米までまっすぐに通るようにするのです。そのようにして、その高速道路は軍事目的では利用できないと国連を通して決定すれば、そのようになるというのです。（二五八―一六七、一九九四・三・一七）

今から世界は、だんだん交流するようになります。それで先生は、国際平和高速道路を施設することを提唱しました。既に一九八一年度に提唱したのです。それは何を意味するのかというと、国境なく往来することを意味します。国境がないというのです。四車線道路を中心として左右四キロメートルずつ、合わせて八キロメートルの外は、日本なら日本が干渉できますが、その中は絶対に干渉できないようにするのです。どこであってもその地域を絶対不可侵地域として設定するようにして、世界のすべての人たちが往来できるようにするのです。そこに入りさえすれば国境がないというのです。ですから、国境に制限されるそのような時代は過ぎていくということです。それは世界がすべて願います。さらには、み旨的に見れば、これは絶対的にそのようにならなければなりません。（一八二―二三四、一九八八・一〇・二三）

どのように世界を一つにするのですか。国境をそのままにしておいては一つにできないのです。いくら文化交流をしても、国の国境と国民の凝り固まった文化の前ではどうすることもできません。ですから、どのように流通させるのかということです。そのために、今後この国際ハイウェイは、国家を中心としてすべて歓迎せざるを得ないというのです。このハイウェイを中心として飛行場ができるのです。ハイウェイの下の地下室には事務室をつくり、どこかに行くときは、上がっていって飛行機に乗っていくのです。ですから、ここには国境がありません。このハイウェイ圏内にさえ入ってくれば、日本人もどこに行こうとビザが必要ないということです。車一台もっていけば、ビザが必要ないのです。世界のどこにでも行くことができます。ロシア人であろうと誰であろうと、ここに入ってきたときは、どの国の制限も受けません。そのようにしながら、観光遊覧の目標に向かって世界流通路をつくるのです。このようにしておけば、お金のある人や若い人は、必ずここを通っていくのです。お金のある人と若い人が通っていくということは何かというと、世界の経済と将来の後代世界がここに集中するということです。

そして、ハイウェイが通る国家は、できる限りこの基盤を拡張しようと競争するというのです。なぜそうするのかというと、産業機関やそのほかのあらゆる機関がここに入ってくれれば、それによって背後の工業施設や国家施設を活用して、販売収益を上げるための観光誘致をすることができるからです。ですから、これは間違いなく互いに競争し、通路を広げる運動が起きるのです。

そして、このハイウェイが通る国々は、自分の国のハイウェイの入り口に立て札をつけるのです。「私たちの国には三週間、無事通過です」というのです。どこに行っても調査しません。このようにさえなれば、世界は一つになるのです。(一一四―二〇四、一九八一・一〇・二〇)

2　ベーリング海峡プロジェクトの目的

①資源問題の解決

ベーリング海峡が神様の所有権になっていません。これがすべて分かれ、アメリカとロシアを中心とするツンドラ地方にある膨大な地域が寒帯地方として縛られています。人間たちが暮らす南部の世界は、原材料がだんだんと枯渇していくのですが、ツンドラ地方にはそっくりそのままあり、もっと深く、もっと広く眠っているものを誰が占領するかというのです。今、目の前で見ながら、気候さえ少し良くなれば自分の土地にしようと目を見開いて対峙《たいじ》している群れがいるというのです。

それを人工的に曇らせ、雨を降らせることによって、温度を調節できる科学力の時代に入ってくるのです。今後ツンドラのようなものを誰が占領するかということが問題であり、世界を制覇して余りある後天時代の原材料保有地をもつことによって、後天時代の主人になれるので、それを奪われてはいけないというのです。それで先生がベーリング海峡を何よりも重要視するのです。地上にある財産をすべて売ってでも、これを早く買わなければなりません。今まで先天時代の悪魔が、強い力で、銃を突きつけて脅迫しながら築いた基盤でここまで来ましたが、今はアベルとカインが一つになる時なので、自分勝手に主管することはできないのです。（二〇〇六・一・二）

②環境保護

アラスカとロシヤの間にあるベーリング海峡に、八十一キロの橋を造り、トンネルを造り、八車線の高速道路を造り、六十億の人類が往来するようにするのです。そこは、寒流と暖流が流れ込んで温度を急激に変えてしまい、氷の山に温水が当たれば、それが溶けてしまいます。それは、地球星《ほし》が滅んでしまう危険な状況です。ですから、トンネルを通すのです。トンネルを通して、六十億の人類が一遍に境界線をなくし、人工的にベーリング海峡を調節しなければ人類が滅んでしまうのです。（二〇〇五・六・一九）

③食糧問題の解決

皆さんが農作業をして、小麦のようなものをトラックに積んで、飢えている国に行きなさいと言えば、どれほど良いでしょうか。世界の宣教師たちがここに来ていますが、互いに交通が可能であれば、世界の食糧をどこにでも運ぶことができるのです。北米は南米と連結しており、ロシアはヨーロッパと連結していて、アフリカにも連結できるのです。ベーリング海峡を中心として海底トンネルを通せば簡単です。三年以内に開けられるというのです。ですから、国際ハイウェイが必要なのです。（二三五―三一六、一九九二・一〇・二五）

④国境線撤廃による一日生活圏の実現

神様のみ旨が成されるということは、すなわち地上天国が成されるということですが、それは霊的天国だけを意味するのではなく、肉的天国、あるいは物質的楽園も意味するのです。ですから、メシヤの降臨とともに成就する高度な精神文明を入れることができる器、いわゆる高度な物質文明の世界が準備される必要があります。さらには、神様の理想では、世界は一つの国なので、その世界が科学の発達によって交通と通信手段が高度に発達し、全人類が一日生活圏の中で暮らすということは、地上天国の建設において非常に重要な要素です。これは、統一世界の文化創造に必要不可欠な条件なのです。(一〇〇―二四四、一九七八・一〇・一九)

ベーリング海峡は所有権問題です。国境と所有権が絡んでいます。いくら血筋ができていて、いくら家庭ができていても、このような世界で国連を中心として、旧約時代を統一しなければならず、イエス時代の、国家時代の政治問題、南北がそこにからまっていて、ベーリング海峡の所有権問題があるのです。サタンからすべて取り戻してこようとするので、国境がなくならなければならず、所有権がなくなり、境界線がなくなり、一つの国、一つの血統になった一つの国が成し遂げられてこそ、神様が理想とされる家庭と平和世界のモデル天国になるのです。(二〇〇六・一・一)

ベーリング海峡の問題は、再臨主がしなければならないのです。アダム家庭は旧約時代、イエスはローマで世界の家庭を立てようとしましたが、世界国家選民基盤が失敗したのです。再臨主は、天と地を一つにしなければなりません。アダム家庭で血統、所有権、アベルとカインの血を流す歴史をつづったので、これらを精算、蕩減《とうげん》復帰しなければなりません。ベーリング海峡プロジェクトは、アメリカとロシアを一つにするのです。聞かなければ霊界を動員してやります。フィリピン、インドネシア、ソロモン群島など、真《まこと》のお父様を中心に太平洋の国々が一つになって中国との争いを防がなければなりません。このままでは、中国との争いを免れないので真のお父様が準備しているのです。（二〇〇六・二・二）

ベーリング海峡撤廃も、私たちが一日生活圏を築くためのものです。先祖たちは、その一日生活圏で暮らすことができませんでした。ですから、すべての霊界の霊人たちが共に協助して一日生活圏内に行くのですが、国境のない解放的本然の世界に戻っていかなければ、天の父母に侍り、天宙のすべての所有権を相続できる、新しい祖国の主人にはなれないというのが公式です。（二〇〇五・七・一一）

ベーリング海峡プロジェクトと平和理想世界王国

2006年4月13日　初版第1刷発行

著　者　文鮮明《ムンソンミョン》
編　集　世界基督教統一神霊協会
発　行　株式会社　光　言　社
〒150-0042　東京都渋谷区宇田川町37-18
印　刷　株式会社　現文

ISBN4-87656-309-8 C0014
©HSA-UWC 2006 Printed in Korea